城市轨道交通高质量发展与精细化提升方法和创新实践丛书

城市轨道交通
站城一体规划方法体系研究与应用

Research and Application of
Urban Rail Transit Station-city Integration Planning Method System

张亚男　马海红　莫　飞　编著
刘剑锋　席　洋

人民交通出版社股份有限公司
北京

内 容 提 要

本书系统阐述了城市轨道交通站城一体的规划设计内涵，探索了我国站城一体的发展方向，提出了轨道交通站城一体规划设计策略和各层级站城一体规划方法，制定了一套用来评估站城一体发展水平的指标体系。本书还针对站城一体开发的体制机制进行了研究，梳理了站城一体的政策、技术标准规范等，并结合作者多年的项目经验归类介绍了国内外先进的站城一体设计案例。

本书可供从事城市轨道交通站城一体规划和设计工作的相关从业人员参考。

图书在版编目(CIP)数据

城市轨道交通站城一体规划方法体系研究与应用/张亚男等编著.—北京：人民交通出版社股份有限公司，2022.9

（城市轨道交通高质量发展与精细化提升方法和创新实践丛书/刘剑锋主编）

ISBN 978-7-114-18119-1

Ⅰ.①城… Ⅱ.①张… Ⅲ.①城市铁路—轨道交通—交通规划—研究②城市交通系统—公共交通系统—交通规划—研究 Ⅳ.①U239.5②U491.1

中国版本图书馆 CIP 数据核字(2022)第 134589 号

Chengshi Guidao Jiaotong Zhancheng Yiti Guihua Fangfa Tixi Yanjiu yu Yingyong

书　　名：	城市轨道交通站城一体规划方法体系研究与应用
著 作 者：	张亚男　马海红　莫　飞　刘剑锋　席　洋
责任编辑：	董　倩
责任校对：	赵媛媛　魏佳宁
责任印制：	刘高彤
出版发行：	人民交通出版社股份有限公司
地　　址：	(100011)北京市朝阳区安定门外外馆斜街 3 号
网　　址：	http://www.ccpcl.com.cn
销售电话：	(010)59757973
总 经 销：	人民交通出版社股份有限公司发行部
经　　销：	各地新华书店
印　　刷：	北京交通印务有限公司
开　　本：	720×960　1/16
印　　张：	12.25
字　　数：	218 千
版　　次：	2022 年 9 月　第 1 版
印　　次：	2022 年 9 月　第 1 次印刷
书　　号：	ISBN 978-7-114-18119-1
定　　价：	80.00 元

(有印刷、装订质量问题的图书，由本公司负责调换)

丛书编委会

顾　问：沈景炎　全永燊　周晓勤　毛保华

主　任：刘剑锋

副主任：王　静　马海红　邓　进

委　员：郭可佳　李金海　范　瑞　张　源

　　　　张亚男　李　芳　杨冠华　陈　琳

　　　　杨　超　廖　唱　李元坤　胡进宝

　　　　王　俊　丁　漪　刘　畅

丛书序 PREFACE

沈景炎
原北京城建设计研究总院副院长
原建设部地铁与轻轨中心总工

"十四五"期间是城市轨道交通建设从高速度向高质量发展的关键转型阶段,迫切需要以新理念、新思路来引导做好轨道交通规划设计。针对这些新问题和新要求,丛书的编写人员基于大量实地调研,结合在城市轨道交通规划和设计中的经验总结和技术提炼,将理论技术与工程实践有机结合,对上述重点难点问题进行了研究与解答,对城市轨道交通前期规划设计及后期运营改造均具有较强的指导价值,可为我国城市轨道交通行业向高质量与精细化方向发展提供经验借鉴。

丛书编写委员会在总结我国城市轨道交通发展历程的基础上,全面审视行业发展面临的问题,结合城市轨道交通在新时代的发展要求,围绕"高质量发展与精细化提升"编写了本套丛书。丛书内容涵盖了TOD规划、需求预测、交通接驳、效果评估、客流分析、更新改造等多个热点方向,内容丰富全面,论述严谨详尽,同时提供大量参考案例,可为城市轨道交通发展战略及政策决策提供参考与支撑,值得城市轨道交通规划、设计、建设等从业人员参考借鉴。

全永燊
北京交通发展研究院名誉院长

周晓勤
中国城市轨道交通协会常务副会长

党的十九大和十九届五中全会指出我国已由高速增长阶段转向高质量发展阶段,"高质量发展与精细化提升"将成为我国城市轨道交通未来发展的重点。丛书结合城市轨道交通高质量发展与精细化提升的需求,分别从实施效果评估、既有网络优化、需求预测分析、交通接驳设计、站城一体规划、运行特征分析等方向展开研究,并结合丰富的应用实践总结出可为行业发展提供借鉴的经验,为城市轨道交通高质量发展与精细化提升做出了有益探索。

丛书从多个角度深入探讨了城市轨道交通前期研究与规划设计过程中实现高质量发展与精细化提升的措施与方法,整套丛书各分册内容相互关联又自成体系,具有完整的知识结构和较为丰富的内容,既注重介绍基础知识,又能反映研究领域内的创新成果,文字深入浅出,简明扼要。同时,丛书精心安排了大量专业、有针对性的实际案例,实用性较强,可为不同背景的读者提供较好的借鉴和实践指导。

毛保华
北京交通大学中国综合交通
研究中心执行主任
《交通运输系统工程与信息》期刊主编

丛书前言 FOREWORD

经过十余年的快速发展,我国城市轨道交通已运营线路规模不断扩大,在规划、建设和运营等环节积累了丰富的理论基础和实践经验,取得了令世人瞩目的成就。与此同时,我们也面临快速发展带来的诸多挑战,如城市轨道交通未与国土空间同步协调发展、部分老线运力缺口较大、运营管理与乘客服务水平不足等问题。当前,我国已由高速增长阶段转向高质量发展阶段,这要求我们要把城市轨道交通高质量发展摆在更为突出的位置,而高质量发展不只是简单的经济性要求,也不只是单纯的工程技术问题,它涉及在我国国情背景下经济、社会、文化、生态和工程技术的深度融合。毋庸置疑,高质量发展与精细化提升将成为未来城市轨道交通发展的主旋律,这既是行业发展的科学规律,也是时代赋予的使命和要求。

基于上述发展阶段和趋势的判断,我们十分有必要系统总结城市轨道交通发展积累的成功经验和存在的不足,形成理论方法与工程实践相结合的系统性成果,为今后城市轨道交通规划、建设、运营等工作提供指导,支撑城市轨道交通高质量和可持续发展。

丛书编委会结合项目实践经验,围绕新时代发展中的新问题和新要求,分别从城市轨道交通网络实施效果评估、既有网络优化提升、交通需求分析与客流预测、交通接驳及其空间品质提升、轨道交通与国土空间融合发展、网络化运营客流特征分析六个方面展开研究,系统性地提出整套方法体系,并结合丰富的项目成果总结出可供行业发展借鉴的经验和启示,旨在为城市轨道交通高质量发展与精细化提升做出有益贡献!

刘剑锋
2021 年 11 月 10 日

本书前言 FOREWORD

随着我国城市人口的不断增加,城市规模不断扩张,各种"大城市病"随之而来。一方面,城市空间尺度的拉大,使得长距离交通需求不断提升;另一方面,城市发展缺乏引导,造成了城市用地"摊大饼"式的均质化无序发展。尽管许多城市投入了大量资金加强道路建设,但是建设速度仍然难以满足私家车保有量的快速增长对道路的需求,无法根治城市交通拥堵问题。

面对城市发展产生的问题,国内外相关经验都指出,发展公共交通才是解决城市交通拥堵问题的根本出路。城市轨道交通作为大中型城市公共交通的骨干,以安全、运量大、准时、快速等特点,已经成为解决我国城市交通拥堵问题的主要途径。截至2021年末,我国内地累计有50个城市开通轨道交通,城市轨道交通呈现跨越式发展,已成为更多城市的重要基础设施。而如何更好地融合城市与轨道交通,提升轨道交通车站周边的开发水平,增强轨道交通吸引力,形成以轨道交通为主导的城市发展模式,则是城市规划和轨道交通建设需要共同面临的一个问题。

站城一体作为城市轨道交通的一种开发模式,是推动现代城市持续健康发展的有效方法,其通过在城市轨道交通沿线或站点附近规划住宅、办公商业、公共设施来吸引客流,引导开发,推动地区经济发展。同时,在城市轨道交通车站附近大力推进绿色交通发展,科学衔接城市轨道交通和公共交通、自行车以及步行等出行方式,有助于降低碳排放,形成以城市轨道交通为主导的城市发展模式,确保城市健康持续发展。

本书以北京城建设计发展集团近年来在城市轨道交通站城一体开发方面的项目为基础,回顾了站城一体的基本概念和发展情况,探索了交通强国战略下城市轨道交通的发展方向,提出了城市轨道交通站城一体规划设计策略和不同层级城市轨道交通站城一体规划方法,创建了站城一体评估指标体系,并对我国站城一体的开发体制机制、政策、标准等进行了研究整理。希望本书的出版,能够为我国城市轨道交通站城一体的规划设计提供借鉴和参考。

本书共分为 8 章,其中第 1 章由刘畅编写,第 2、3 章由张亚男编写,第 4、6、7 章由席洋编写,第 5 章由刘君君编写,第 8 章由杨嘉钰、刘畅编写,马海红、莫飞、刘剑锋负责审稿和校核。

本书在编写过程中,得到了北京城建设计发展集团股份有限公司多位同事的大力支持,周延虎、卢奇南、黄迪、李超、王璞、郑欣等提供了宝贵的素材和建议,在此表示感谢,也对参加本书资料收集和相关研究的其他同事表示感谢。

由于作者水平有限,书中难免存在不妥或错误之处,真诚希望广大读者提出宝贵意见。

作 者
2022 年 8 月

目录 CONTENTS

第1章 绪论

1.1 城市轨道交通站城一体概述 /3
1.2 国外城市轨道交通站城一体发展历程 /5
1.3 站城一体理念在我国的发展 /10

第2章 交通强国战略下的城市轨道交通发展方向

2.1 交通强国战略下轨道交通发展趋势研判 /19
2.2 交通强国战略下我国站城一体的发展方向 /23

第3章 轨道交通站城一体规划设计策略

3.1 分类引导 /33
3.2 聚集高效 /37
3.3 功能协调 /40
3.4 便捷可达 /42
3.5 特色形象 /44
3.6 绿色低碳 /45
3.7 经济持续 /45

第4章 多层级城市轨道交通站城一体规划方法体系

4.1 方法体系概述 /49
4.2 线网层面站城一体规划方法 /50
4.3 线路层面站城一体规划方法 /60

4.4 站点层面站城一体规划方法 /65

第5章 城市轨道交通站城一体评估指标体系

5.1 站城一体评估指标体系目标与框架 /75
5.2 站城一体潜力评估指标体系 /77
5.3 站城一体规划设计评估指标体系 /83
5.4 站城一体实施后评估指标体系 /88
5.5 典型城市轨道交通站城一体发展评估 /91

第6章 城市轨道交通站城一体开发体制机制研究

6.1 站城一体开发的体制机制 /111
6.2 站城一体开发的投融资模式 /114
6.3 站城一体战略下土地整备方法 /121

第7章 城市轨道交通站城一体相关政策标准汇编

7.1 站城一体相关政策 /129
7.2 站城一体设计标准及规范 /141
7.3 相关城市站城一体规划编制工作 /143

第8章 国内外站城一体规划设计优秀案例

8.1 线网层面案例 /147
8.2 线路层面案例 /155
8.3 车站层面案例 /163

参考文献

第1章

绪论

本章从基本概念入手,详尽地介绍站城一体和相关理论的概念,比较站城一体与公共交通引导的土地开发(TOD)理论之间的关系,简述站城一体开发模式的起源和发展历程,最后聚焦我国城市轨道交通规划与设计,简述站城一体理念在我国的发展情况。

1.1　城市轨道交通站城一体概述

1.1.1　站城一体概念

当前,城市轨道交通的普及,推动了城市规模的扩张,也促成了城市建设和轨道交通车站的共同发展。站城一体即是城市轨道交通和城市建筑相互结合、融合发展的一种开发模式,是指通过在轨道交通车站周边区域设置商业、办公、住宅、公共设施等城市功能区,吸引轨道交通客流,从而促进车站周边开发,是一种促进城市可持续发展的有效方法。

站城一体开发,可在轨道交通车站周边区域有效倡导绿色出行,使轨道交通与步行、非机动车、地面公交等其他绿色交通方式形成便利的接驳,有利于减少小汽车的使用,降低碳排放。站城一体开发还能通过统一的规划设计,提高车站周边土地开发效率,创造更多的公共空间,从而提升市民的生活品质,创造宜居社区。在轨道交通车站周边设置商场、宾馆、超市等商业设施或者娱乐设施,还可以创造出经济活动需求,提升车站及周边地区的经济价值,大幅度提升土地利用率及容积率,进而促进城市整体发展。

1.1.2　TOD 理论概念

TOD,即公共交通引导的土地开发(Transit Oriented Development),萌芽于20世纪初的美国。当时,波士顿、纽约和芝加哥等城市陆续建成轨道交通,但由于轨道交通服务地区的土地多为私人所有,开发商便通过建立公共交通系统来联系郊区和城市中心区,以增加郊区土地的价值,进而形成了以土地开发为导向的公共交通发展形态,众多有轨电车车站随之成为商业中心。

但是,随着小汽车的普及,大规模的公路建设将城市推向低密度、单一土地利用的郊区化发展。公共交通的分担率和运营效率急剧下降,许多轨道交通系统也停止了营运,交通发展方向也逐渐转为公路建设。

20世纪80年代,随着道路交通环境的恶化、石油危机的出现,人们逐渐意识到依靠小汽车为导向的城市发展模式是不可持续的,倡导新城市主义(New Urbanism)和精明增长(Smart Growth)理念的城市规划师和建筑师开始探索更可持续的城市发展模式。

1993年,卡尔索普在其著作《下一代美国大都市地区:生态、社区和美国之梦》(*The Next American Metropolis: Ecology, Community and the American Dream*)中系统论述了TOD的定义、类型、设计要点,为TOD制定了一套详尽具体的准则,TOD理论正式形成:TOD是一个半径约为600m的步行社区,社区中心是公共交通站点和主要商业中心。TOD集住宅、商业、办公、公共空间及其他公共设施为一体,其整体环境以慢行优先。在其社区居住和工作的人们可以很方便地通过步行、非机动车、公共交通或小汽车到达他们想要去的地方(图1-1)。

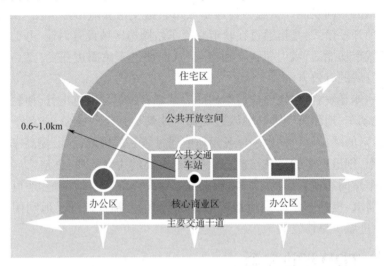

图1-1 围绕车站的TOD发展示意图

从20世纪末至21世纪初期,TOD理论经历了20多年的理论与实践探索,得到了不断的完善和发展。

1.1.3 站城一体和TOD理论的关系

站城一体和TOD理论在开发模式上有很多共同之处,例如两者都主张发展公共交通,通过把办公、居住、购物等功能安排在车站步行可达的范围内,来减少日常生活和经济活动对小汽车的依赖,但是两者又有着明显的区别。

（1）出发点不同。站城一体最早出现在20世纪20年代的日本，其核心目的是实现轨道交通与城市土地协同开发的价值最大化，有着明确的商业目的。而TOD理论起源于20世纪初的美国，其目的是城市可持续发展，倡导通过发展公共交通来减少资源和环境的压力，降低碳排放量。

（2）维度不同。站城一体是一种轨道交通车站开发模式，从车站开发的维度，聚焦轨道交通沿线以及车站周边地块的开发，实施内容集中在车站与建筑的连通设计、业态设计等更加微观的层面。TOD理论是一种城市规划理念，从城市发展的维度，通过城市用地的控制和交通系统的规划来实现公共交通导向的城市发展，规划内容集中在宏观和中观层面。

（3）主导方不同。站城一体的主导方通常为轨道交通建设单位，它们需要与车站周边各地块的权属单位对接合作，确定开发区域的一体化设计和运营方案。TOD理论的主导方通常为地方政府的规划部门，其理念需落实在相关规划文件中，并作为城市发展的上层设计在地区政府的引领下实现。

1.2　国外城市轨道交通站城一体发展历程

1.2.1　站城一体的早期探索

日本是最早探索轨道交通站城一体的国家，站城一体的城市发展模式在东京、大阪等日本大都市区取得了成功。究其原因：日本国土面积狭小，人多地少，土地资源极为稀缺；日本在汽车化时代没有来临之前就较早地发展了铁路；日本企业家开创了站城一体的创新开发模式，并不断提高轨道交通车站及周边地区的开发强度和开发密度，使轨道交通成为占主导地位的交通方式。

1）阪急电铁的早期站城一体开发

20世纪20年代初期，阪急电铁（Hankyu Corporation）在大阪京都地区首先采用了轨道交通与房地产一体化开发模式，也称站城一体开发的古典模式，其核心是轨道交通与城市相辅相成，实现共同发展，重点是在轨道交通枢纽站进行综合性一体化开发，使轨道交通枢纽站成为城市的核心地区和交通节点，令其所在地区土地开发价值实现最大化。阪急电铁的经营理念是"轨道交通并不是运人的工具，而是让沿线地区可居住的手段"，即：使轨道交通车站周边居住人员能够最大限度地获得交通便利性和空间便利性。

阪急电铁的前身是箕面有马电气轨道公司。1910年,箕面有马电气轨道公司运营的箕面有马铁路通向的宝冢、箕面等大阪郊外地区,人烟稀少,客流极少,同时由于铁路建设周期长,资金难以回收,公司曾陷入资金链几乎断裂的困境。随着工业化的发展,大阪市人口的大量聚集,引发了交通拥堵、空气污染等一系列"大城市病",而宝冢、箕面等大阪郊外地区舒适的田园型住宅、大阪梅田至宝冢铁路沿线的田园风光和优美的自然环境,以及偏低的地价,均成为阪急电铁沿线房地产开发的优势。阪急电铁的站城一体开发主要包括:

(1)阪急电铁基于在轨道交通沿线同步开发商品房,可实现轨道交通客流和住户同步增长的理念,在其轨道交通车站周边进行房地产开发,并引入分期付款方式,吸引人们购买。

(2)阪急电铁在加大商业宣传的同时,在车站周边设置了理发店、干洗店等日常生活所必需的商业服务设施,实现了成熟便利的生活方式。

(3)阪急电铁在宝冢本线的起点站大阪梅田站新建了百货商店项目,让乘客得以在同一大厦内购物、就餐后乘坐轨道交通回家。在当时全球经济大萧条的环境下,阪急电铁通过满足乘客的多种需求,吸引了大量乘客,取得了良好的经济效益。这一系列创新使得梅田阪急大厦成为现代轨道交通枢纽百货公司的原型。

(4)阪急电铁在箕面有马铁路的终点站宝冢站成立了宝冢剧团,在阪急神户线西宫北口站建设了阪急西宫球场,为宝冢本线创造出双流向、多时段的客流。

2)东急电铁的站城一体开发

东急电铁在阪急电铁早期站城一体开发模式的基础上有了进一步发展,主要变化体现在轨道交通枢纽车站的开发建设规模和复杂程度,以及城市规划和土地利用的许多方面。东急电铁最成功的站城一体开发是田园都市铁路和"东急多摩田园都市"的开发建设。

1918年,在人口大量迁入东京的初期,日本企业家涉泽荣一对东京郊区的无序扩张模式产生了强烈的质疑,成立了"田园都市株式会社",设想借助霍华德的"田园之城"规划理念,建设多个居住环境优美的田园都市(主要是通勤者及其家人的居住社区),并通过轨道交通连接东京。田园调布就是其中一个田园都市,采用了与土地所有者合作,共同开发房地产的方式。这些初期的开发经验成为以后多摩田园都市开发的重要指引。

涉泽荣一的继任者五岛庆太从20世纪60年代开始多摩田园都市建设。五岛庆太将涉泽荣一设想的具有慈善性质的花园城市变成了利润导向的商业投资,他认为轨道交通不在于把各个站点连接起来,而是在轨道交通沿线上开发房地产。该城市开发理念形成了日本早期的站城一体开发模式。

多摩田园都市的站城一体开发,首先要有用地保障,包括轨道交通线路、车站、车辆维护检修基地用地,房地产开发用地(商品房、配套商业服务设施用地),城市公共设施用地(公共交通、学校、医院、公园等)。因为轨道交通沿线开发的投资金额巨大,存在较大的金融风险,所以东急电铁通过土地区划调整工程、土地置换和收购获得1/3的开发用地,从而避免收购全部开发用地的金融风险。在日本,轨道交通建设用地获得与公共利益相关,可以根据相关法律程序获得土地征用权,但用于城市开发建设的土地,则要通过土地利用规划调整来对开发地区的土地利用进行控制。土地区划调整工程由土地所有者组成的协会主导实施。东急电铁通过收购当地一定量土地后成为土地所有者协会的一员,参与土地区划调整工程。

田园都市线轨道交通规划将日常生活设施设置在车站和居住区,提出了以交通系统、商业系统和绿地系统三大系统相连接来形成该地区城市骨架的规划理念。交通网络包括轨道交通、汽车、停车场、非机动车、步行系统网络;商业体系网络包括各类商业服务设施网络;绿地系统包括绿地、河流、开放空间、公园、文化设施、住宅区中的步行绿色廊道等。凭借着成功的开发理念,车站周边的住宅吸引了这一群体的大批入住,而这一群体的入住也进一步加速了高品质服务设施的开发。1973年东急电铁公布了"生活设施便利规划",拟在田园都市线轨道交通的主要车站附近建造百货公司、购物中心、游泳池、网球场等运动设施,以及社区活动中心、医院等生活服务设施。随着生活服务设施的运营,街区的整体价值不断得到提升。

由于在郊外轨道交通沿线开发的新城往往成为东京中心城区的"卧城",导致上下班时间出现单方向客流高峰和交通拥挤,而反方向客流稀少,降低了轨道交通的运行效率。东急电铁主要采用两类措施来创造反向客流:一是吸引名牌大学、私立高中在轨道交通沿线建立校区;二是吸引大型商业娱乐、体育设施进驻轨道交通沿线。

1.2.2 现代站城一体开发

1)涩谷站的站城一体开发

20世纪90年代以后,日本三大都市区基于轨道交通枢纽的"站城一体开发"已经进入新阶段,其主要特征是已经不限于轨道交通站点的上盖物业或车站周边的商业服务设施的建设运营,而是轨道交通车站和周边街区的一体化建设,集轨道交通车站与公交站场及商业设施于一体,伴随周边地区的高强度开发的轨道交通车站大规模改造,大幅度提高轨道交通的空间便利性和交通便利性;而且整个城市的开发和城市更新都以这些轨道交通枢纽周边区域为核心进行。

东急集团是这种"站城一体开发"模式的一个典型代表。2005年,涩谷车站周边被日本政府选定为特定城市更新紧急强化区,允许进一步放宽容积率限制进行更高强度的开发。经过开发,涩谷车站周边已经集聚了大量的创意产业(包括音乐、时尚、影像、设计、IT产业等),是东京乃至日本的知名地区。涩谷的时尚和音乐等流行文化还吸引了大量外国观光客。

目前,涩谷的站城一体开发项目包括轨道交通与道路交通、站前广场的更新改造(图1-2)。因为有8条铁路线路(包括山手线、地铁和通勤铁路)汇集在涩谷,实现各类轨道交通之间的便利换乘,以及轨道交通与地面公交、机场大巴、步行系统便利转换,缩短换乘距离就成了必须解决的问题。涩谷的站城一体包括地上地下一体化空间立体开发,实现轨道交通线路和公交线路的无障碍换乘的城市交通基础设施建设项目。涩谷站将设置地下机场大巴总站,实现地铁、通勤铁路和机场大巴之间的便利换乘,改善现在各种交通工具换乘距离长的缺点。

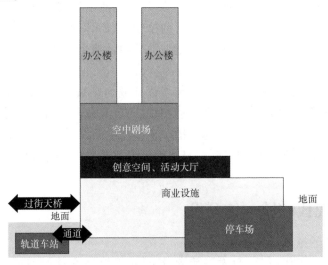

图1-2 涩谷站示意图

2）新加坡轨道交通的站城一体开发

新加坡的轨道交通站城一体开发也经历了长期的实践,并打造了成功的站城一体开发项目。新加坡的轨道交通车站通常集合了换乘枢纽、商业中心、生活中心多项功能,将常规公交换乘、小汽车停车、商业、办公、居住、公共活动等功能集中、复合布置。除此之外,新加坡轨道交通车站还在屋顶建设空中花园,在地下和周边建筑实现连通,市民可以无缝步行至花园、商业、活动中心等公共空间。新加坡轨道交通站城一体开发空间布局如图1-3所示。

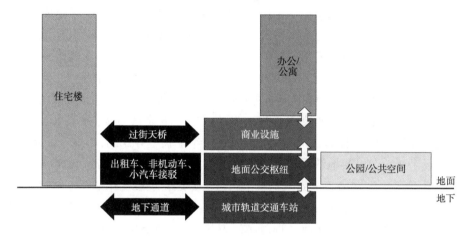

图1-3　新加坡轨道交通站城一体开发空间布局

由于站城一体开发是多部门协作联动的工作,所以新加坡针对站城一体开发建立了相应的协调机制,按照土地使用与交通协调发展的原则,新加坡陆路交通管理局、国家发展部、市区重建局和住屋发展局等部门之间有着成熟的工作流程。市区重建局在确定车站周边的用地性质、规模和开发容量时,会与交通系统密切结合,根据各区域的功能定位,围绕轨道交通车站进行高容量的综合开发。

为了推进站城一体开发,新加坡还制定了相应的前置条件、扶持政策,由此鼓励轨道交通站城一体的发展。相关部门也出台了建筑法律,以明确各类设施的位置、面积、标准等各项开发指标,作为规划设计的重要依据,通过上述手段的实施,保证站城一体的开发落实到位。各种法律及政策保障使新加坡的轨道交通车站综合开发不仅作为一个地产开发项目,更作为一个高品质的公共空间建设项目,集约、高效地使用了宝贵的土地资源。

1.3 站城一体理念在我国的发展

1.3.1 我国轨道交通发展基本情况

相对于发达国家来说,我国的轨道交通建设起步较晚,首条地铁线路为北京地铁1号线,于1969年开通运营,相比世界上首条地铁线路(于1863年建成),晚了100多年。20世纪50年代,我国首次提出构想并探索建设;2003年,就轨道交通的相关建设和运营提出有序发展、量力而行的方针路线;此后,一些发展水平较高的城市开始积极筹建轨道交通。2008年,在全球性金融危机的大背景下,我国推出了一系列经济刺激计划,在城市化发展的必然需求以及经济条件允许的大前提下,城市轨道交通建设自此进入突飞猛进的发展时期。以北京为例,截至2020年,北京市轨道交通运营里程为727km,2005—2020年增长了613km,相当于北京在15年间建设了2.6个巴黎地铁网络、1.9个东京地铁网络、1.8个纽约、莫斯科地铁网络、1.4个伦敦地铁网络。世界主要城市轨道交通运营里程变化如图1-4所示。截至2020年末,中国内地累计有45个城市开通城市轨道交通运营线路,运营里程7978.19km(图1-5),轨道交通呈现跨越式发展,给国内各大城市轨道交通的站城一体发展提供了充分的交通基础条件。

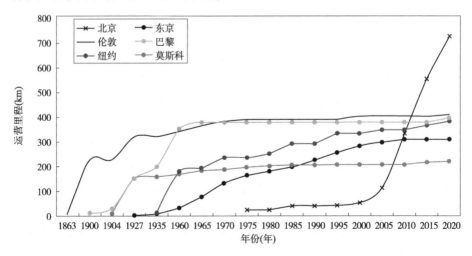

图1-4 世界主要城市轨道交通运营里程变化示意图

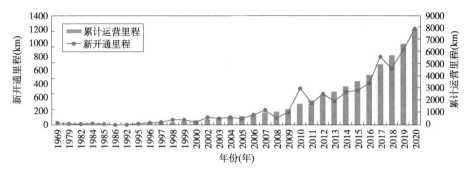

图 1-5　我国轨道交通历年运营里程

1.3.2　站城一体理念在我国发展的必要性

1）城市交通拥堵问题日益严重

随着我国城市化进程的推进，城市人口的急剧增长，使得城市的土地资源日渐紧张，城市拥挤问题日渐突出，而地面交通的拥堵也随之加剧。城市交通问题始终存在于城市的发展过程中，且在城市发展的初期阶段表现得不是非常明显，但当城市人口和城市车辆达到一定程度时，交通拥堵的问题就会凸现出来。交通拥堵增加了居民出行和通勤时间，通勤时间的增长降低了居民的生活满意度，减少了工作的时间，也阻碍了城市间人力物力资源的快速流转，给城市经济发展造成了严重的阻碍。

经济的发展、人口的增加和汽车产业的发展给城市交通带来了三重压力。国家统计局数据显示，2020 年末全国民用汽车保有量 27340.92 万辆，比 2019 年末增加 1964.54 万辆，其中私人汽车保有量 24291.19 万辆，增加 1782.2 万辆。近 10 年来，民用汽车保有量增加近 2 倍，汽车保有量的高速增加给紧张的道路资源带来了更多的压力（图 1-6）。

要想缓解机动车增长带来的交通拥堵问题，发展公共交通，鼓励市民公共交通出行，减少小汽车的使用率是唯一的途径。而站城一体的开发模式可以将人的大部分交通需求聚集在轨道交通周边，有效降低小汽车的出行，减轻城市交通的压力，美化城市环境，促进城市健康可持续发展。

2）城市土地利用方式单一

过去，我国城市用地建设形式多为混合使用，特别是在一些商业比较繁华的地段，其底层均为商业用地，而在上层多为居住。然而，近年来，我国城市居民已经改变了土地混合使用的习惯，开始居住在纯属居住的"卧城"中。大多数卧城在建设的过程中并没有按照高混合度的形式来开发,而采用单一的专用居住的设计,特别是在城市外围区域的居住区,由于其单一的居住功能,导致潮汐客流现象严重,给交通带来巨大压力,交通拥堵与环境污染情况严重,居民的生活质量和生活满意度下降。

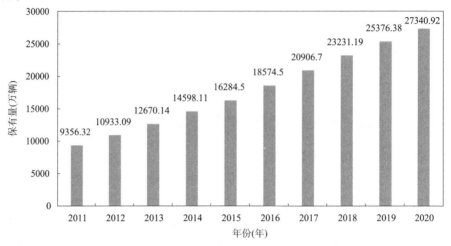

图 1-6 我国近 10 年民用汽车保有量

《2020 年度全国主要城市通勤监测报告》表明,我国超大城市平均通勤距离为 9.3km,通勤距离中位数为 5.4km,高于 5km 的通勤比例为 51%。特别是北京市的平均通勤距离高达 11.1km,高于 5km 的通勤比例高达 62%。而过长的通勤距离会严重降低居民的幸福感,降低城市的吸引力。

因此,我国城市需要站城一体的开发模式来建设高密度功能复合型的社区,提高土地的利用效率,缓解各种城市问题。

3) 城市圈层式发展无序蔓延情况严重

我国很多处于平原地区的大城市是单中心圈层式的发展模式,单中心圈层式发展模式是由单中心核心向外辐射形成环形道路发展。在城市发展的初期阶段,这种单中心的发展模式能够有效地吸引周边的人力物力流向城市中心,各个区域间也能够有比较紧密的连接。但随着城市经济的发展和城市规模的扩大,城市的人力物力资源由城市周边向城市中心一点集中,造成了城市中心区的空间压力和交通拥堵问题。在这样的情况下,城市开始选择圈层式的向外扩张,每个圈层间也有不少的道路连接,使得更多的车辆与人口通过各种路径集中到城市中心地区,增加了城市空间和交通压力。城市人口的增加需要更多的城市用地,城市中心地区的土地价格远远高于城市周边地区,城市开始向周边无序扩张,在扩张的过程中并未采用高密度的开发形式,而是进行低密度单功能的建设,土地低密度的无序扩张形成了城市以单中心圈层式的低密度无序蔓延(图1-7)。

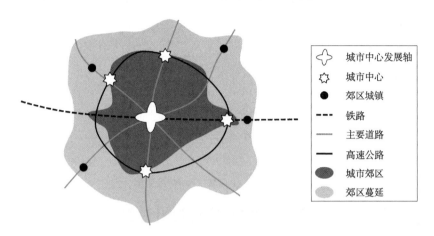

图1-7　单中心圈层式发展的城市蔓延形态

从我国近10年城市人口密度变化和建成区面积变化可以看出,我国城市建成区面积从2011年的43603km²到2020年的60721km²,10年增长了0.5倍(图1-8)。在城市经济高速发展的同时,建成区的面积急速扩大,但人口密度并没有降低(图1-9)。城市人口在不断地增加,但建成区面积的扩张远远高于城市人口的增加程度,我国城市正在向周边地区低密度无序蔓延。

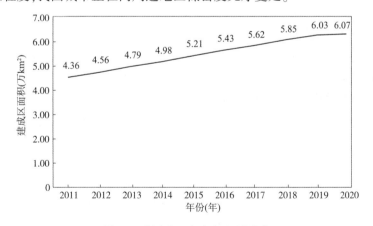

图1-8　我国近10年建成区面积变化

因此,我国城市需要积极践行站城一体的开发模式,城市用地围绕轨道交通车站进行开发,控制城市的无序蔓延,均衡分配城市功能及城市空间内人口的分布。

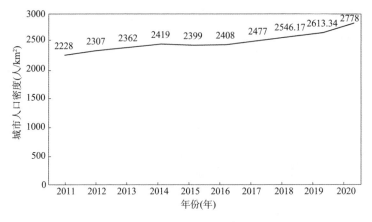

图1-9 我国近10年城市人口密度变化

1.3.3 站城一体理念在我国发展的可行性

1）良好的公共交通基础

站城一体模式的核心是发展公共交通，而我国的公共交通有着良好的发展基础，公共交通已经成为居民出行的主要方式之一。目前我国大部分城市已经形成了较为完善的公共交通系统，我国中小型城市的公共交通主体为地面公交，而大城市已经形成了以轨道交通为骨干的公共交通系统。截至2021年末，中国内地已经累计有50个城市开通城轨交通运营线路，运营线路总长度9192.62km，轨道交通的发展为站城一体化设计提供了良好的条件。

2）小汽车保有量仍处于发展阶段

尽管近些年我国的小汽车保有量快速上涨，但是根据世界银行发布的2019年全球20个主要国家千人汽车拥有量排名，我国千人汽车拥有量为173辆/千人，远低于美国、日本、德国等发达经济体，排名第17位，表明我国的小汽车仍处于发展阶段，仍然存在大量无车家庭，公共交通有着良好的客流基础。发展轨道交通的站城一体建设，有利于无车人群的出行利益，培养居民形成围绕轨道交通站点的生活方式。

3）较高的城市人口密度

我国城市人口密度远远高于欧美国家，尤其大城市的人口密度更是居于世界前列，所以高密度的生活环境为站城一体的发展提供了良好的基础，而站城一体的高强度开发理念也更符合我国城市的现状环境，城市居民对站城一体的高强度开发具有很好的适应性。

4）城市空间布局仍需优化

自1978年改革开放后，我国城市化进程明显加快，进入20世纪90年代以后，中国城市化已从沿海向内地全面展开，2020年，我国常住人口城镇化率达63.89%。但是过快的城市化也带来了城市布局和城市形态不健康的问题。所以，在未来一段时间内，我国的大中型城市将会持续对城市的空间布局和形态进行优化调整，而站城一体作为一种以公共交通为导向的开发模式，可以应用在城市空间布局的优化中。

1.3.4 站城一体理念在我国的发展现状

近年来，随着城市轨道交通的发展进入新阶段，我国逐渐开始重视轨道交通的站城一体开发。

2014年《国务院办公厅关于支持铁路建设实施土地综合开发的意见》提出坚持多式衔接、立体开发、功能融合、节约集约的原则，对铁路站场及毗邻地区特定范围内的土地实施综合开发利用。

2015年，住房和城乡建设部发布《城市轨道沿线地区规划设计导则》，强调城市规划阶段应充分结合轨道交通规划，实现城市人口与就业岗位沿轨道交通廊道集约布局；在轨道建设规划阶段，应协同规划轨道沿线建设用地；在轨道工程可行性研究阶段，应通过一体化设计，实现轨道站点与周边用地功能与空间的协同发展。

2018年，国家发展改革委、自然资源部、住房和城乡建设部和中国铁路总公司联合发布了《关于推进高铁站周边区域合理开发建设的指导意见》，在第六条"促进站城一体融合发展"中，特别提出"高铁车站周边开发建设要突出产城融合、站城一体"。这也是"站城一体"的概念第一次出现在部委正式文件中。

国内各大城市也陆续打造城市轨道交通站城一体的发展模式，过去几年间，各城市集中出台了多个支持城市轨道交通站城一体综合开发的地方性法规和指导意见，例如：南京的《关于推进南京市轨道交通场站及周边土地综合开发利用的实施意见》、上海的《关于推进本市轨道交通场站及周边土地综合开发利用的实施意见》、青岛的《青岛市轨道交通土地资源开发利用管理办法》、南宁的《南宁市城市轨道交通综合开发建设用地使用权作价出资管理暂行办法》、成都的《成都市关于轨道交通场站综合开发的实施意见》、东莞的《东莞市轨道交通建设投融资管理办法》等。这些地方性法规，针对站城一体开发推进过程中最常遇到的规划统筹、行政审批、土地收储、开发权获取、收益分配等方面的关键问题，分别聚焦或者进行全面的说明。

　　其中,杭州的《杭州市城市轨道交通资金筹措与平衡办法的通知》通过明确出资主体和投资分摊责任,继而划定了筹资地块以及相应的规模核定、规划指标确定和做地主体与出让方式;广州的《广州市轨道交通场站综合体建设及周边土地综合开发实施细则(试行)》也是系统全面、覆盖全过程地阐述了站城一体的实施细则;成都的《轨道交通场站综合开发专项规划》和《成都市轨道交通场站一体化城市设计导则》确立了"产业优先、功能复合、站城一体、生活枢纽、文化地标、艺术典范"的理念。

第2章

交通强国战略下的城市轨道交通发展方向

第2章 交通强国战略下的城市轨道交通发展方向

2019年9月19日,中共中央、国务院印发了《交通强国建设纲要》,明确指出到2035年,基本建成交通强国的发展目标。届时,现代化综合交通体系基本形成,基本形成"全国123出行交通圈"(都市区1小时通勤、城市群2小时通达、全国主要城市3小时覆盖)。《交通强国建设纲要》对交通体系提出了明确的发展目标,在这些目标中,我们可以从中窥见轨道交通的发展方向。

2.1 交通强国战略下轨道交通发展趋势研判

2.1.1 构建多网融合模式下"轨道上的都市圈"

《交通强国建设纲要》明确提出,到2035年,基本形成"全国123出行交通圈"(都市区1小时通勤、城市群2小时通达、全国主要城市3小时覆盖)。在基础设施方面,建设城市群一体化交通网,推进干线铁路、城际铁路、市域(郊)铁路、城市轨道交通融合发展,完善城市群快速公路网络,加强公路与城市道路衔接。都市圈要想实现1小时通勤的目标,势必需要快速、便捷的轨道交通给予支持,并且由于都市圈空间圈层较广,多网络协同的轨道交通势必是主要的发展对象。

"轨道上的都市圈"和"多网融合"已成共识。随着区域一体化快速推进,将形成更紧密的社会经济联系,通勤圈迅速拓展,城市功能不断外溢。多模式轨道交通规划、融资、建设和运营"一张网"是充分发挥轨道交通经济效益和社会效益的基础。2019年2月,国家发展改革委印发的《关于培育发展现代化都市圈的指导意见》明确提出,统筹考虑都市圈轨道交通网络布局,在有条件的地区,推动干线铁路、城际铁路、市域(郊)铁路、城市轨道交通"四网融合",探索都市圈轨道交通运营管理"一张网",推动中心城市、周边城市(镇)、新城新区等轨道交通有效衔接。

例如,随着长三角一体化上升为国家战略,国家对长三角交通一体化提出了更高要求。2019年12月,《长江三角洲区域一体化发展规划纲要》提出构建互联互通、分工合作、管理协同的基础设施体系,加快建设集高速铁路、普速铁路、城际铁路、市域(郊)铁路、城市轨道交通于一体的现代轨道交通运输体系和高品质快速轨道交通网,共建轨道上的长三角。2020年4月,《长江三角洲地区交通运输更高质量一体化发展规划》强调构建一体化交通设施网络、一体化运输服务能力、一体化协同体制机制,建设以轨道交通为骨干的一体化交通网络,形成干线铁路、城际铁路、市域(郊)铁路、城市轨道交通等一体衔接的都市圈通勤交通网。

都市区不同层次的轨道交通系统具有不同的服务特征，见表2-1。通过不同服务尺度的轨道交通网络可以更好地实现空间融合的交通服务。"多网融合"有助于财政、土地、产业、公共服务统筹。构建轨道上的都市圈有利于优化人口和经济的空间结构，激活有效投资和潜在消费需求，增强内生发展动力。干线铁路、城际铁路、市域（郊）铁路、城市轨道交通等能改善地块可达性，产生显著的正面溢价效应，促进地块的价值提升。因此，实现"多网融合"有助于实现政府财政补贴、土地资源开发、产业布局、公共服务供给等重大事务的统筹，强化"一张网"引导空间布局与空间拓展，从而推动新型基础设施、15分钟生活圈、未来社区等优化布局，强化社会效益和经济效益。

都市区多层次轨道系统制式特征　　　　　　　　表2-1

系统形式	设站间距(km)	线路长度(km)	设计速度(km/h)	服务对象
高速铁路	30~60	>400	250~380	主要服务跨区域中长距离旅客
城际铁路	5~20	100~300	200	区域都市圈中心城市与周边城镇中短途通勤与商务
市域（郊）轨道交通	3~6	70~200	100~160	市内通勤客流、远郊区县出行客流
城市轨道交通网	市区1km左右，郊区1~3km	<50	80~160	作为城市公共交通的骨干系统服务中长距离的出行，相比常规公交具有大容量准点的特点

2.1.2　轨道交通成为优化城市功能和用地布局的抓手

《交通强国建设纲要》明确提出要尊重城市发展规律，立足促进城市的整体性、系统性、生长性，统筹安排城市功能和用地布局。

我国大城市，如北京、上海、广州等，经过多年城镇化的快速发展，人民生活水平得以提高的同时却让城市自身的承载力面临严峻考验。大城市的城市功能过于集中于中心城市的单向聚焦模式，在发展到一定阶段后往往导致城市影响力因一系列的城市问题而逐渐下降，例如交通拥堵。因此，城市功能和用地结构一直在不断优化。为疏解中心城区重叠功能，引导城市人口有序扩散，提高"多中心"与"高密度"环境中各功能空间的运行效能,大城市纷纷选择以新城建设为平台、轨道交通为纽带的城市发展战略。

第一,从国内外大都市区的发展历程来看,交通系统的高度发达是大都市区快速发展的主要驱动力,也是实现城市空间多中心化的前提。在高效、便捷、发达的交通网络作用下,尽管诸多大都市区地理特征各异,但城市空间表现出一个共性特征,即城镇建成区和产业发展组团总会沿主要联系通道密集分布,尤其是借助于轨道交通系统的引导作用,促使大都市区加速凝聚和扩张,表现出城市区域化和区域城市化的基本态势,逐步实现了从高强度单中心向功能向"多中心组团"结构的转变。

第二,随着我国机动车保有量的迅速增长,各大城市小汽车出行比例居高不下,北京、广州、深圳等的机动车保有量,尤其是核心区内的保有量较其他国际都市高,如图2-1所示。城市交通问题也呈现出日趋严重的势头,迫切需要轨道交通这种快速准时、大运量的交通方式来解决出行需求。与此同时,我国各大城市正好处于社会新型城镇化的关键时期,经济水平由快速发展逐步向高质量水平过渡,城市空间形态也在调整和优化,多数城市处于城市更新阶段。轨道交通的规划与建设,将对各大城市空间结构的调整与优化产生直接影响。因此,轨道交通的建设可以实现两方面的目标:一是可以缓解各大城市前期迅速机动化发展带来的交通拥堵问题;二是在城市发展的本质上,可以引导城市的空间形态优化发展,实现城市的有机发展和翻新。

图2-1 北京、东京、伦敦机动车保有量情况

第三,从我国国情出发,土地资源的稀缺也决定了我国城市空间只能坚持以公共交通为导向的拓展方式,发展轨道交通将成为我国大都市区空间整合的必然选择。轨道交通占地面积较机动化交通少,并且轨道交通的敷设范围较传统的公交系统大,所以以轨道交通作为城市骨干型运输方式,能够实现城市功能在区域范围内进行整合,使沿线区域的相对可达性明显提高,土地利用及开发强度也大大增加。轨道交通能够形成明显的"廊道效应",以快速、大运量的特点,吸引城市的各种设

施及人口向沿线两侧集聚,引导城市沿轨道线路轴向发展,进而促进城市中心的变迁和原有空间格局的改变,使"单中心、圈层式"的城市形态演变为"多中心、组团式"的城市形态,优化城市空间结构,引导城市空间的有序增长及土地资源的合理利用。同时,轨道交通在引导城市空间形态的演变过程中,将带动配套基础设施的建设,促进房地产业的投资和消费,并直接刺激基于自由时间的相关产业的发展,如休闲、旅游、信息、娱乐等,在加快郊区城市化的同时,促使大量农村剩余劳动力转移到第二、三产业中来。轨道交通的建设使得人们可以更容易地在更广泛的地域范围共享各种资源,拉近了区域范围内居民生活氛围的距离,建立更深入的社会交往、心理沟通和文化融合。

2.1.3 构筑多层级、一体化的综合交通枢纽体系

《交通强国建设纲要》明确提出,构筑多层级、一体化的综合交通枢纽体系,推进综合交通枢纽一体化规划建设,提高换乘换装水平,完善集疏运体系。多层级的综合交通枢纽,相对于传统的仅有一种交通方式的"单一交通枢纽",意味着交通方式的多样化,为适应人们出行换乘的高要求,逐渐转变为服务于多种交通方式的"复式枢纽"。

综合交通枢纽中汇集了大量的多样化需求,这些需求不仅是单纯的交通出行,也存在消费类的需求。以往只具备单一交通功能的枢纽,为满足旅客多样化需求,逐渐朝着多功能的综合体发展。目前,已经有较多城市开始组织复式枢纽,例如深圳的福田站,除了对内对外的多种交通方式外,围绕着地下枢纽开发了商业、服务业,使得枢纽也成为城市的一个活力中心,提高了交通枢纽的商业价值和城市服务价值。另外,一体化并不局限于枢纽建筑体的功能一体化,枢纽与城市功能融合,可以扩大到枢纽所在的区域,利用综合交通枢纽体系带动城市周边大力开发和发展,促进城市功能的有机构成,实现土地精明增长,这个过程就是枢纽站城一体开发的核心。图2-2描述了枢纽车站周边站城一体综合开发模式的演变过程。

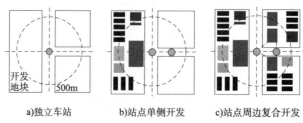

a) 独立车站　　b) 站点单侧开发　　c) 站点周边复合开发

图 2-2　枢纽车站周边站城一体综合开发模式演变示意图

2.2 交通强国战略下我国站城一体的发展方向

交通强国战略背景下,我国站城一体的发展层次可以划分为都市圈、城市、枢纽3个层次。都市圈层面,主要是指在区域角度,考虑到经济来往需求,利用轨道交通将大尺度空间区域从时间上进行缩短,实现集约高效的发展。城市层面,轨道交通是实现城市空间结构、功能组团优化的抓手,利用轨道交通实现城市区域层面的职住平衡,推进城市交通、经济、产业、生活的有机发展。枢纽层面,站城一体首要做到无缝换乘,利用空间设计提高交通转换效率,在此基础上拓宽到城市功能层面,通过枢纽的立体开发,融合城市功能,使得枢纽成为城市活力中心。

2.2.1 都市圈层面:站城一体带动城市群空间结构优化及产业融合

《交通强国建设纲要》重点提到了都市圈的1小时交通出行要求。交通出行时间与土地利用息息相关,如果居民居住和工作的区域远离轨道交通车站,两端的交通接驳就会占用很长时间,那么1小时的交通通达时间就较难完成。所以,对交通出行的要求,就是对整个城市土地开发模式的要求。然而我国目前都市圈的培育时间尚短,"摊大饼"化的城市发展逻辑,导致中心城区成为都市圈内相对封闭的公共资源"高地"。一些区位和交通条件好、自身发展态势较好、经济和创新能力较强的城市逐步成为区域内经济发展的核心,发挥强大的积聚力量,吸引周边区域资金、技术、人才和劳动力等要素的聚集,成为中心城市。这个阶段主要通过中心指向型的空间联系,促进形成了"单心"的空间结构。

例如环京都市圈,包括北京市域、北三县、廊坊、涿州等地,面积约 23074 km^2,现状人口 2730 万人。通过分析环京都市圈的交通出行量,目前仍然呈现以北京市核心区为向心出行特征,环京都市圈与北京联系通勤比例相对较高,潮汐特征明显,朝阳、通州、大兴成为环京区域早高峰现状出行需求主要交换地,如图 2-3 所示。这说明环京都市圈目前仍是以北京为中心的空间结构。这种"单中心"的都市圈空间会逐步衍生系列问题,过度集中带来土地资源紧缺、交通拥堵、环境恶化等"城市病",使得中心城市发展压力增大,而且潮汐性的向心交通也会对交通资源造成单边压力,例如早高峰进城方向特别拥堵、出城方向流量很小,北三县早高峰进出北京市的交通流量方向不均衡系数高达 8.1。

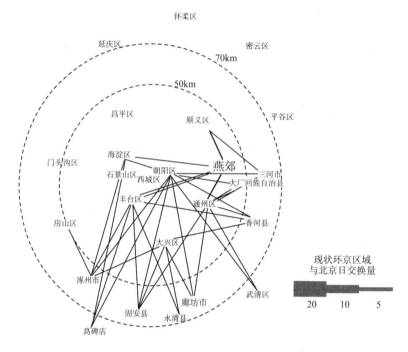

图 2-3 环京都市圈全日交通出行交换量示意图

轨道交通站城一体的开发模式,可以对都市圈的发展提供良好的触媒效应。站城一体开发模式,核心是集聚性,依靠轨道交通站点周边高强度的开发,实现核心区的形成,进而促进和带动周边各种要素的共同发展。尽管站城一体的建设,对于整个都市圈来说是点状的,但是对产业经济、土地利用、交通引导等综合作用来看,可以有效加大集聚区与其他区域的差异化。按照这样的发展模式,都市圈可以结合自身的结构,建立起多个站城一体中心,进而能够分散单一向心结构,形成多个微中心辐射结构。该时期站城一体的发展需要借助政府主导力量,通过资金投入和政策扶持进行重点培育。

伴随着都市圈经济的发展,中心城市不断沿着交通轴线向区位条件较好、基础设施发达的周边城市扩散,逐渐形成以周边城市为载体的次级中心。同理,在该发展模式下,次级中心又向外扩张,逐渐形成更次一级的中心,并与原中心城市经济圈相互吸引和辐射,城市之间就形成了以公共交通线路为"轴线"的集聚廊道,推动都市圈形成具有一定等级规模城市组成并有机联系的多中心空间形态。站城一体化带动都市圈城市结构的发展演变如图 2-4 所示。

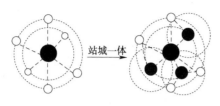

图 2-4 站城一体带动都市圈城市结构发展示意图

站城一体作用下的"轴向"发展使得轨道交通站点及沿线的土地均采取多元混合和高强度的开发,有效优化土地利用,用地强度高于周边区域,区域承载力大幅度提升,集聚效应进一步发挥作用,中心城市核心区用地紧张的问题得到进一步缓解,同时在新城开发中站城一体模式可以避免传统开发模式的"蔓延"副作用,中心区土地价格上涨结合产业结构调整,使得土地利用结构不断优化。并且沿着轨道交通的轴向发展,可以促进中心和各级次中心之间的交通联系以公共交通为主,减少城市对小汽车的依赖作用,形成真正意义上的"轨道上的都市圈"。

依靠轨道交通站城一体,能够加快和改变城市发展建设速度的新元素,可以引发一系列"链式反应",特别是对都市圈的产业经济、土地利用、交通方式以及城市设计产生促进作用,有利于推动都市圈按照既定目标持续、有效地发展。

2.2.2 城市层面:站城一体带动城市职住平衡,促进城市有机更新

职住平衡普遍的认知是指一定地域范围内,居民中劳动者的数量(劳动力)和就业岗位的数量大致相等,大部分居民可以就近工作,避免长距离的通勤交通。对于很多大城市而言,实现职住平衡只是一种理想化的设想,尤其是我国进入 20 世纪 90 年代以来,由房地产开发商主导的商品住宅建设成为城市住房供应的主体,大量新商品房建设集中在郊区,城市交通基础设施建设和交通工具的机动化也推动了城市居住空间的郊区化。但工作岗位仍集中在市中心,因此造成了大规模、长距离通勤出行职住分化严重。

对于一个城市来说,居住区和就业岗位区域能否实现一定空间范围内的职住平衡,关键在于城市的主要人口和用地结构分布特征。单一中心的城市空间虽然在土地利用率、集中布置生活服务设施以及行政管理等方面具有一定的优势,但对于人口规模较大的城市来说,由于单一中心集中了大部分商务、商业、服务等功能,受发展空间的限制,居住功能用地被迫向城市外围转移,大量居民因职住空间分

离,往返于中心城区与城市郊区之间,给城市道路交通带来巨大压力,而这样的矛盾进一步刺激城市用地不断向外围"摊大饼"式扩张,进一步加剧职住空间分离化。多中心的城市土地利用结构因能较好地将就业空间在全市范围内均衡分布,使居民的工作-居住出行成本有效降低,因而成为国内外城市,尤其是大城市缓解职住空间分离现象,促进城市可持续发展的有效途径。例如,孙斌栋、涂婷等通过对上海市的职住空间特征进行研究发现,城市的就业中心距离城市主中心越远,就业者的平均工作通勤成本越低,强化多中心空间结构有利于降低城市居民的整体工作通勤成本。站城一体开发模式可以引导城市形成多个中心,扭转城市单中心的蔓延发展,因此,对于城市层级来说,站城一体也可以通过优化调整城市中心职能结构,进而优化居民交通出行时空特征,减少长距离的潮汐性客流产生。

以日本的二子玉川站为例,该站位于东京西南部世田谷区,片区人口繁多,紧邻的涩谷、新宿等繁华区域,其周边在开发之前以居住区为主,是东京著名的睡城,每天都有大量的乘客从该站上车去往东京核心区就业。东急电铁株式会社在对站点周边的游乐园旧址进行开发时明确了项目定位就是创新行业和创新工作者,提供了适合年轻人的就业岗位,职住平衡的概念贯穿始终。为了整体提高片区的综合发展并构建使用效率,职业建筑(写字楼、商办)与住宅建筑应满足合理面积配比,以实现综合开发的整体体系平衡发展。

城市更新从表象来看是城市面貌的更新升级,但实际上,城市更新更重要的是功能的更新和完善,查漏补缺,去冗从简,通过对合理需求的调研和把控,实现资源的重整。城市更新可以轨道交通站点为抓手,充分利用轨道交通的运能和物业增值效应,提高项目的交通和经济可行性。首先,很多城市更新项目增加了原有用地容积率,使得区域人口增加,交通出行总量提升,而依托大运量的轨道交通恰能充分承接更新所增加的交通量,避免因城市更新造成交通拥堵;其次,轨道交通作为公共交通,票价较低,可以为低收入群体提供便捷、合理经济支出的出行方式,为不同阶层的融合奠定良好的基础;第三,高质量的轨道交通能够显著提高站点地区的可达性,带来站点周边的物业增值,提高项目的经济可行性。

从另一个角度来看,既有轨道交通站点周边的城市更新是盘活区域、提高轨道交通客流的一个途径。目前国内很多开通的轨道交通车站,周边用地非常低效,可能是废旧工业、仓储用地、开发欠缺地区等,而依托城市更新的手段,通过拆除重建等方式可以优化站点地区的土地使用性质和开发强度,改善周边交通条件,提升车站周边的景观容貌,以此吸引更多人来此居住或者工作、活动,带动轨道交通的发展。表2-2是田宗星、李贵才从价值导向、经济效益、环境效益以及社会效益4个方面提出的基于 TOD 的城市更新与传统城市的区别。

基于 TOD 的城市更新与传统城市更新的对比　　　　　　表 2-2

项目	传统城市更新	基于 TOD 的城市更新
价值导向	经济效益、改造效率	社会、环境、经济等综合效益
经济效益	盈利空间小,经济可行性难以保障	通过公交带来的物业增值和高开发强度提高城市更新的经济可行性
环境效益	小汽车导向加剧交通拥堵,恶化空气污染	公交可以消化高强度开发增加的客流量,缓解交通拥堵
社会效益	无意并且无力照顾弱势群体,导致社会分化加剧	为社会阶层的混合和融合提供基础条件和交往机会,缓解社会隔离和分化

富永直树和葛海瑛在论文《东京·TOD 模式主导下的持续性更新都市》中介绍了很多城市更新的项目,指出东京的城市更新项目几乎全部采用了 TOD 发展模式,并且进行了汇总,见表 2-3。

东京 TOD 的类型和典型案例　　　　　　表 2-3

类　型	规　模	典型案例 (主要事件的年份)	直通或连接的 轨道交通车站	特　征
TOD 的原型	地区规模	丸之内地区 (1914 年东京站建成运营)	JR 东京车站随后在该地区增设了地铁东京站、大手町站和双桥站	民营公司收购了 35.3hm² 的土地,为东京站的建设提供了一部分,随后在车站前方规划建设了一个办公区
由政府主导的 TOD 总体规划	地区规模	新宿副都心总体规划(1965 年规划)	JR、小田急、京王、地铁新宿站	以净水厂旧址为中心的 56hm² 的总体规划,其中 11 个超级地块中的 8 个地块转让给民营公司
	地区规模	汐留地区整体规划(2003 年建成)	JR、地铁新桥站、百合鸥汐留站、都营地铁汐留站	30.9hm²,东京都政府在 JR 货站旧址确定了基础建设和地区规划,并按地块分别出售

续上表

类　　型	规　　模	典型案例 (主要事件的年份)	直通或连接的 轨道交通车站	特　　征
由民营地产开发商(写字楼开发商)主导的TOD项目	地块/多地块规模	日本桥二丁目规划(2018年建成)	地铁日本桥站	4.8hm²，由民营企业投资开发的城市再开发项目，地铁站的动线得到明显改善
		虎之门Hills车站大厦(预计2023年建成)	地铁日比谷线的虎之门Hills站	连接虎之门Hills(2014年竣工)等共4个项目，合计7.5hm²，以连接虎门Hills站塔正下方的形式，在现有的日比谷线上开设了新车站
		虎之门·麻布台项目(预计2023年建成)	地铁日比谷线的神谷町站、地铁南北线的六本木一丁目站	8.1hm²，主塔高330m，计划在地区内建设连接两座地铁站的地下步行网络
由轨道交通公司主导的TOD项目	以车站用地为中心的地块/多地块规模	涩谷大改造(2019年第一期完工)	JR、东急、京王、地铁涩谷站	4.9hm²，除了车站附近主要涉及东急集团的多个"综合开发"之外，还将改造JR车站和地铁站，对换乘动线进行大改造
		品川车站东口项目(2003年建成)	JR、京急品川站	16.0hm²，通过在旧国有铁道货运场旧址上制定一体化地区规划，建成了直通车站的办公街区以及2003年东海在新干线新建的品川站
		品川北周边地区山手线高轮Gateway站项目(预计2024年第一期完工)	JR高轮Gateway站、京急泉岳寺车站	9.5hm²，由JR东日本主导，在品川站—田町站中间，通过车辆基地的重新布局等整理出土地空间，进行新车站及与之相连的办公楼等的综合开发

续上表

类型	规模	典型案例 (主要事件的年份)	直通或连接的 轨道交通车站	特征
由政府和轨道交通公司主导的TOD总体规划及项目	以车站用地为中心的地块/多地块规模	新宿大型客运枢纽站的一体化重组（预计从2020年开始）	JR、小田急、京王、地铁（丸之内线、都营新宿线、大江户线）新宿站、西武新宿站、大江户线新宿西口站	根据东京都政府、新宿区政府制定的总体规划，在土地区划整理项目中，调整10.1hm²的土地所有权划分，在重建道路等基础设施的同时，由轨道交通公司协调建设步行平台和广场空间

2.2.3 枢纽层面：站城一体实现城市功能与枢纽功能的完美结合

传统交通枢纽往往注重交通集散功能，就交通论交通，不曾充分考虑与周边片区的空间联系和功能结合，降低了车站的可达性和便捷性，未体现出车站周边的用地价值，枢纽与周边其他地块呈现割裂的状态。例如北京南站，距离车站方圆半径1km范围内，90%的用地都是大型居住片区，北京南站矗立在一片居民楼之间，居民只有利用北京南站乘坐高速铁路或者地铁时才会走进这座320000m²的枢纽体，未与站周边形成任何除交通功能外的互动联系，如图2-5所示。

图2-5 北京南站周边用地及道路情况

站城一体模式作为协调城市交通与土地利用的有效途径,提倡构建以公交为主体的城市交通系统,合理引导地区发展,促使城市交通系统优化和土地的合理开发利用,有效提升城市与地区的整体发展效率。对于枢纽地区应用站城一体的模式发展,在规划协调机制保障条件、交通枢纽基础条件、土地开发促进条件3个条件作用下,枢纽的站城一体发展模式呈现圈层结构特征。枢纽站城一体发展圈层结构如图2-6所示。

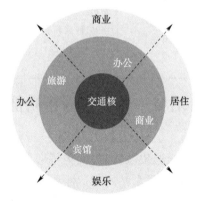

图2-6 枢纽站城一体发展圈层结构

第一圈层,主要是交通核,功能以交通转换为主,包括场站区域、枢纽的建筑主题,广场,多种交通方式换乘空间等。这个区域主要服务于使用枢纽的乘客。在交通核中,也可以适度合理地布局一些其他服务配套功能,如餐饮、宾馆、旅游、体验等。

第二圈层,主要是对第一圈层的补充和拓展,可以配套植入办公、商务、购物中心等。随着与核心枢纽功能距离的增加,旅客人群密度大为降低,该部分空间就可以服务于区域城市的居民,功能与车站的关联度逐渐降低,转为以服务乘客为主向兼顾服务周边居民的特征。

第三圈层,基本上以城市功能为主,由城市发展的目标或者功能定位等综合因素去组织布局土地的功能,可以安排部分居住区域、购物中心等,带动和实现地区的活力和职住平衡。

第3章

轨道交通站城一体规划设计策略

目前国内很多城市开展了站城一体规划设计项目。在项目规划设计前期，考虑项目规划设计策略或者原则的时候，设计师自然而然会想到"3D"原则或者"5D"原则。但这些设计原则是基于美国各大城市的发展提出来的，并不完全适用于中国。比如高密度原则，由于我国很多特大城市的人口密度普遍较高，即便是近年新开发的城市郊区和一些小城市，也都以几十层的高层住宅和办公楼为主，很少有低密度的别墅区，因此站城一体社区在我国并不需要担心城市低密度蔓延问题。因此，不是说一味地追求高密度、高强度的开发就是合理的TOD发展之路，本章从实际工作经验出发提出了适用于我国国情的站城一体规划设计七大策略。

3.1　分类引导

3.1.1　既有轨道交通TOD站点分类方法研究

卡尔索普将TOD社区分成两类：一类是城市型TOD，即位于区域性的重轨、轻轨或BRT车站，其商业强度和就业密度很高，居住密度在中等以上，多个城市型TOD串联起来，形成城市发展轴；另一类是邻里型TOD，即以位于交通支线的公共交通车站为中心，乘公共汽车到城市轨道交通或BRT车站不超过10min，其规模和密度比城市型TOD小，更加偏重居住功能。这种TOD的分类方法和理想布局模式，自卡尔索普提出后得到世界各地的专家学者和城市政府广泛认可。但这种TOD分类和布局模式明显是根据美国实际情况提出的，并不一定适合其他国家和地区，后续很多学者对TOD站点分类进行了引申研究。

汉克·迪特马尔（Hank Dittmar）和谢莉·波迪卡（Shelley Poticha）提出了6种类型的TOD，分别为城市中心区、城市社区、郊区中心、郊区社区、公交社区以及通勤小镇中心。6种TOD类型较卡尔索普两种类型，对区位进行了细化。美国北卡罗来纳州夏洛特市将TOD分为5类，即多模式地区、城市地区、邻里、社区以及区域交通。马里兰州则细化分为7类，即城市商业核心、一般中心、郊区中心、特殊功能地区、城市社区、市郊社区以及通勤地区。加拿大的埃德蒙顿市将TOD分为七大类，包括商务中心、一般中心、就业区、研究院所地区、一般社区、新社区以及提升社区。美国各大城市TOD类型划分汇总见表3-1。

美国各大城市 TOD 类型划分汇总表　　　　表 3-1

类　　型	公共服务中心	社区服务中心	区域交通或特殊功能地区
卡尔索普	城市级	社区级	—
迪特马尔和奥兰德	城市中心区、郊区中心	城市社区、郊区社区、公交社区、通勤小镇中心	
马里兰州	城市商业核心、一般中心、郊区中心	城市社区、市郊社区、通勤地区	特殊功能区
佛罗里达州	区域中心	社区中心、邻里中心	
丹佛市	城市核心、城市中心	集合住宅城市地区、独立住宅城市地区、城市郊区	娱乐、产业、教育
埃德蒙顿市	商务中心、一般中心	一般社区、新社区、提升社区	就业区、研究院
夏洛特市	城市地区	邻里、社区	区域交通、多模式地区

尽管不同城市或者学者提出不同类别的 TOD 类型，但都基本建立在卡尔索普的两种 TOD 类型之上，结合不同城市和规划体系进行进一步演化。例如，城市核心、区域中心、商务中心等，可以看作从卡尔索普的城市型演化，像通勤小镇中心、社区中心等，则可以看作对邻里型的细化。在上述分类的基础上，特殊功能区、娱乐、产业、教育等是对基础分类的补充和拓展。本章将结合国内城市的特征和规划体系特点对站城一体类型进行分类。

3.1.2　分类相关性指标研究

站城一体站点分类需要从规划区功能、空间及交通等综合特征系统考虑。本书主要基于车站所在地区的土地利用、交通功能、发展潜力等要素进行分类，涉及定量的相关性指标包括车站周边土地利用数据、轨道交通车站进出站客流量数据、车站周边人口分布数据、就业岗位数据，定性的指标包括车站的地理位置及上位规划区域的功能定位。

3.1.3 轨道交通站点类型

基于轨道交通分类相关性指标研究,本书提出将轨道交通站点分为5个类型,分别为生活居住类、商务办公类、功能混合类、特殊节点类和交通枢纽类。

生活居住类,主要是指轨道站点周边适宜范围内,以居住生活功能为主,配套较为完善的商业、公共服务和市政公用设施的地区。该类车站典型的客流特征有较为明显的潮汐性,如图3-1所示。从图中可以看出,这类车站均呈现早高峰进站量很大,出站量很小,晚高峰正好相反,以出站量为主,平峰期间客流较少的特点。

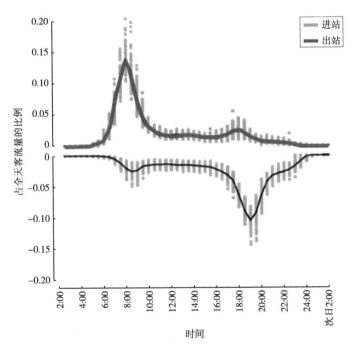

图3-1 生活居住类车站客流特征示意图

商务办公类,站点周边以商务办公用地为主,聚集较高密度的岗位,配套较为完善的商业设施。客流特征也具有较为明显的潮汐性,如图3-2所示。从图中可以看出,车站的客流呈现早高峰出站量大于进站量,晚高峰则相反,平峰的客流量相对较少的特征。

功能混合类,站点周边呈现多元混合的用地开发模式,适宜范围内职住平衡程度较高。客流特征呈现双峰效应,如图3-3所示。这类车站影响范围内的办公、科教、商务金融、住宿、问题娱乐等多样化的用地比例均较高,提高了该车站在影响范围内的职住平衡水平。

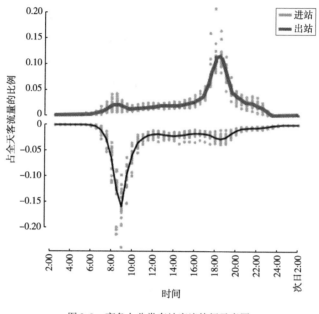

图 3-2 商务办公类车站客流特征示意图

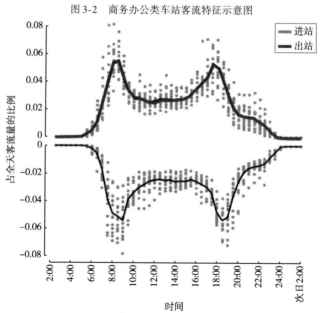

图 3-3 功能混合类车站客流特征示意图

特殊节点类,站点周边有大型景区、教育科研用地、体育设施、大型展览、工业园区等。这类车站的客流特征没有固定的规律,比如大型景区周边的轨道交通车站节假日客流量会升高,平日客流量相对较低,而工业园区周边的车站会出现类似商务办公用地的客流特征。

交通枢纽类,主要指轨道交通站点衔接城市对外交通枢纽(如火车站、客运站、港口及机场)。这类车站的客流量主要受对外交通枢纽客流的影响,这些到发客流与铁路、机场具有24h不间断运营的特征相关,因此全天的客流水平基本上比较均衡,但也会随着到发车次的不同而呈现一定的浮动,如图3-4所示。

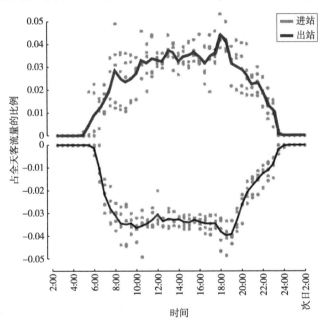

图 3-4　交通枢纽类车站客流特征示意图

3.2　聚集高效

3.2.1　开发强度要与交通基础设施供给能力相适配

在站城一体理念刚引入我国时,高强度开发受到了各大规划设计项目的追捧。对每座轨道交通车站或者车辆段进行高强度、高密度的开发,结果造成周边的交通系统不堪重负,成为新的堵点。这说明站城一体规划设计不宜过分强调提高公共交通车站附近的开发密度,而应该强调土地开发密度与公共交通设施的运输能力相协调。一方面,如果开发强度过低,则会造成土地资源浪费,并且难以保证良好的公共交通客流量;另一方面,如果开发强度过高,超过了交通设施的最大承载负荷能力,那么会造成区域交通拥堵,也会降低站城一体开发项目的吸引力。

具体策略是依据高峰小时的慢行系统、公共交通系统、机动化系统的交通供给能力提出地区的开发控制总量,工作内容与我国各大城市目前的建设项目交通影响评价较为类似,但规划合计的区域尺度较大,是面向区域层面的交通能力评价。评估内容更全面,可视为区域的微型"综合交通规划",评价体系涵盖诸多内容。本书列出部分重要评估要素供相关人员参考,见表3-2。

站城一体项目交通评估专项关键因素　　　表3-2

交通分项		要素
城市道路	空间布局	道路用地红线、路网衔接关系、路网形式布局、空间流线组织、道路交通特征、市政设施相互关系、风貌保护区要求等
	等级分类	城市道路等级、其他道路分类(胡同、街巷、步行街等)
	交叉口形式	交叉口互通关系、交叉口选型、用地
	道路定线	定线方案、工作组织
步行和非机动车		网络衔接关系、通行宽度要求、功能点服务、其他交通方式衔接
常规公交		场站布局、用地、综合开发、公交专道、场站出入口
轨道交通		区间用地预留、车站及附属设施用地一体化建设、车辆基地选址及综合开发、接驳设施规划及用地预留
停车	机动车停车	设施供给原则、配件要求、停车场综合开发、停车换乘(P+R)设置
	非机动车停车	选址、规模
机动车出入口		道路衔接关系、与其他设施位置关系
地下交通系统		地块连通关系、道路衔接关系
交叉口		周边用地关系、转角半径、车道宽度、红线展宽
轨道一体化管控及微中心		建设指标聚集、用地强度、高度调整、一体化开发

续上表

交通分项		要素
交通枢纽		枢纽分类、用地规模、枢纽选址
落客区及集散空间	落客区	位置、数量、设计细节
	集散空间	规模、功能
	装卸货空间	规模、功能
加油加气站、充电换电站		选址布局、用地规模、功能等级
铁路		铁路廊道用地、铁路枢纽规模、综合开发
公路	布局要求	公路等级划分、与城市道路衔接关系、沿线开发控制
	控制区和防护隔离区	控制区范围

3.2.2 与控制性详细规划的编制合理互动

日常规划设计工作中,经常会出现站城一体项目设计进度与控制性详细规划编制进度脱节的现象。在控制性详细规划编制时,规划人员并不知道该区域未来会新建一个站城一体项目,而伴随着城市的建设和发展,有可能在已完成控制性详细规划的区域内新建或者更新项目,会对片区的各类用地指标提出新的诉求,会涉及调整控制性详细规划的问题。因此,建议各大城市要重视站城一体项目的超前规划,在控制性详细规划编制的同时一并提出针对城市或者区域层面的站城一体规划设计,将站城一体项目的用地各项指标提前进行考虑,纳入控制性详细规划。

通过车站周边站城一体规划设计,将城市设计阶段的成果深化纳入控制性详细规划中去,可以分两类提出管控要求：一类是强制性管控,包括建筑形态、公共空间、慢行系统、机动车出入口、停车配建和地上地下连通等方面;另一类是引导性管控,包括建筑前区、桥下空间和地下空间功能及开发模式等方面。

除此之外,传统规划理念下的交通规划常以机动化交通的高效便捷为导向,就交通论交通,土地利用的用地布局主要考虑功能的影响,交通被动满足功能需求,而较少考虑城市如何便利化减少机动交通出行。基于站城一体理念的控制性详细规划应使两者互为影响因素,互动关联。在土地利用上,分层聚集城市公共服务的功能,分层满足不同的需求,减少日常的机动交通出行;在交通安排上,构建各层次便捷的公共交通网络,支撑便利的分层聚集的公共功能。

3.2.3 梯度安排站点周边用地开发强度

综合平衡轨道交通站点周边的开发强度,在保证空间质量和交通顺畅的前提下,保证邻近的站点地块拥有较高的开发强度,自站点向周边逐步降低,如图 3-5 所示。

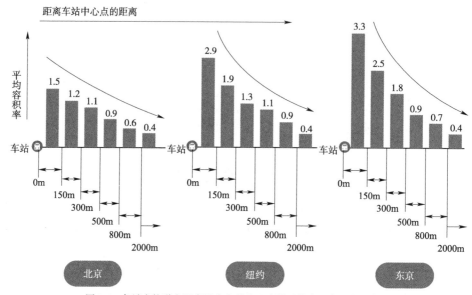

图 3-5 各城市轨道交通车站由车站中心向外平均容积率变化示意图

3.3 功能协调

3.3.1 构建与车站定位相协调的用地功能混合策略

传统的 3D 理念中,多样性强调车站周边的用地功能混合度越高越好,但实际上对于轨道交通车站来说,并不可能实现每一个车站周边都是多样化用地。以东京中央线三站为例,如图 3-6 所示,括号内为混合度。新宿站作为核心区重要车站,周边实力强于外围组团核心立川站,功能混合度却低于立川站。这说明一个车站周边用地如何配置,取决于车站的自身定位、区域发展引导目标等多维度的因素,在我国还会存在控制性详细规划层面用地指标的限制。用地功能混合千差万别,并非越大越好,也不是越低越好,应该依据车站功能定位合理配置。

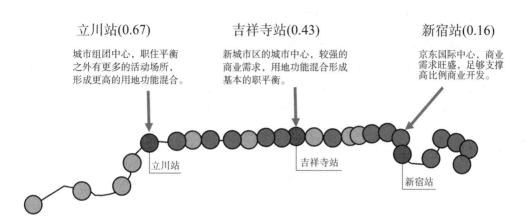

图 3-6　东京站点 TOD 差异化发展模式（以中央线三站为例）

3.3.2　站点影响区域层面要包含日常功能需求的混合利用

　　2000 年左右，我国住房制度改革，很多城市开始逐步修建城市边缘地区的大型居住区，如北京的回龙观和天通苑等地。当时在用地配套上以居住用地为主，缺乏具有城市服务职能的公共设施、就业用地等，最后形成大型"睡城"，暴露出一系列问题。例如，回龙观站周边 800m 范围内居住用地面积占比高达 85%，其他类型用地功能不足，导致该区域早高峰大量的居住人群需要进入中心城区就业，北京市轨道交通 13 号线西段早高峰进城方向客流远高于出城方向，进城方向拥挤不堪，出城方向客流稀少，造成公共交通运输能力的极度不均衡，如图 3-7 所示。因此，在进行用地多样性布局时应该考虑在轨道交通车站附近引入具有城市服务职能的公共服务设施，提升社区活力、减少跨区出行、降低高峰时段双向交通需求不均衡性。并且在用地布局上，为城市服务的公共设施应尽量靠近大运量公共交通车站，为社区服务的公共设施可以与居住用地进行适度混合。

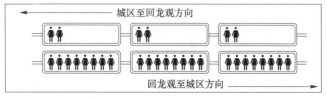

图 3-7　北京市轨道交通 13 号线早高峰车内人数示意图

3.3.3 应注重垂直立体方向的功能混合

随着土地资源的紧缺,传统规划设计时主要是平面上提出土地要混合利用。伴随着轨道交通站点一体化理念在国内的大力发展,在强调平面土地混合利用的同时,还应强调垂直方向的功能混合。垂直立体的功能混合包括地面和地下两部分:地面包括加大土地效益,充分营造宜人、宜居、宜业的城市空间,使多种城市功能有序组合,城市界面丰富而有层次,增强城市活力等;地下则是充分利用地下空间,首先构建轨道交通与周边地块直接通达联系,其次合理利用地下空间,对地下空间综合规划,植入商业、服务配套等功能,提升车站周边活力。

3.4 便捷可达

3.4.1 尺度适宜、安全友好的步行空间是站城一体规划设计的灵魂

1)整合多尺度层级的空间组构

站城一体规划设计核心是步行空间的设计,因此不管乘客利用什么方式到达车站,步行均为最后一环。良好的步行空间需要整合交通基础设施与城市开放空间、建筑空间,以实现步行系统的完整。要结合区域道路定位和两侧用地功能,构建合理的步行空间尺度,可通过合理的步行需求流量测算来进行定量分析。例如,交通枢纽车站附近的步行空间由于需要集散大量的人群,步行道设置宽度较大。

2)建立连续的人性化步行体系

站城一体建立的基础是包括步行在内的便捷与高效可达的交通体系。可通过调整城市道路规划设计、构建立体步行网络等措施保证步行完整性;可适当改造原有的公共绿地和部分附属用地,保障步行环境的舒适性;可适当调整步行街道的宽度和空间尺度,增加步行的安全有效性。

3)塑造多样的街道界面,激发城市活力

步行空间的塑造应从居民的生活行为出发,通过调整社区商业界面,将沿街一层空间归还街道,结合步行空间设置休憩设施,强化街道的公共属性,增加界面的活力。

3.4.2 注重道路网密度的提升

站城一体规划设计策略中,需要依托"密路网"来提高区域的交通可达性,进而促进慢行和公共交通的使用,提升区域活力。较高的路网密度能够给交通组织带来更大余地,为交通出行提供更多选择,引导交通流均衡分布。发达密集的道路网络,提高了道路系统的连通性、可达性和可靠性(图3-8)。道路宽度较小,方便行人过街与公交车站的便捷换乘。公交线路可深入社区布置,增大覆盖率。高密度的路网、紧邻的城市街道便于提升城市活力,繁荣经济发展。

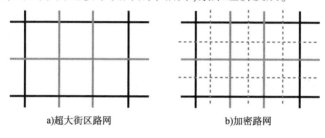

a)超大街区路网　　　　b)加密路网

图3-8　密路网提高区域整体交通出行可达性

3.4.3 倡导公交接驳优先,限制小汽车出行

合理利用公交系统来实现快速接驳是站城一体规划设计的关键,公交系统可以弥补轨道交通网络覆盖率的不足,进而扩大站城一体核心站点的敷设范围。

为了实现公共交通优先,也需要利用一定的设计手段来限制小汽车出行。例如,在站城一体核心区域,减少建筑物停车位的配建,提高小汽车的收费水平,限制机动化的出行。图3-9为轨道站点周边配套的公交接驳示意。

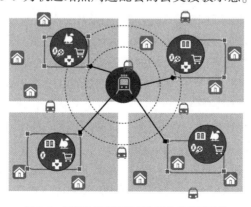

图3-9　围绕轨道交通站点构建公交接驳系统

3.4.4 降低多种交通方式的换乘距离

我国目前较多轨道交通车站或者交通枢纽中存在交通方式换乘不便的问题，乘客经常"穿街过巷、长途跋涉"找寻车站站口，"上下折返、费时费力"换乘，当多条线路、多种交通方式"粗放式"地结合在一起时，由于没有很好地研究换乘客流线和人们出行习惯及换乘引导标识系统，常常导致乘客方向迷失、换乘不便、效率低下。例如，北京西直门站和东直门站，多条轨道交通线路之间的换乘距离较远，成为一体化设计的失败案例。因此，研究站城一体规划设计策略，实现多种交通方式的便捷换乘进而提高出行效率是最为重要的一环。

3.5 特色形象

为避免"千站一面"，站城一体规划设计需要挖掘城市文化，营造地域特色，不仅要在物质空间规划上充分体现和实践"以人为本"，还必须在城市历史文化的延续、传承、发展等方面体现更高层次的以人为本。区域的整体形象设计要以文化打造为导向，优质服务为基础，在一些站点的公共空间设置多功能的空间，使集艺术展示、文化宣传为一体的这些空间，成为轨道交通站点及其周边城市空间的"增值点"。在前期设计建立对站城一体项目进行充分理解和精细化推敲的提案，明确城市综合体打造的基本模式，确定综合体规划设计理念、特色空间营造、特色主题设计等思路。传承文化历史内容不仅是政府需求，文化历史元素也是吸引游客关注点、打造城市综合体特色的关键。

规划设计策略可以从建筑形式的互融、生活场景的交替、古今文化的表达3个层面进行突破，互相融合，相互促进。站点区域艺术特色化设计应与空间营造共生共长，是独立艺术个性的表达，也是加强版的空间体验，还是精神层面的认同归属。例如，在东京涩谷STREAM开发过程中，尊重地区历史文化和景观形象，利用巧妙的设计手法展现了项目的特色形象，融入了历史文化的传承。项目保留了历史铁路记忆，在设计中留有铁轨元素，利用空中廊架、铁轨元素，重塑公共空间氛围。项目紧邻的涩谷川，之前是一条臭水沟，两侧为住宅楼，没有任何人行步道，景观环境较差。在改造过程中设计师将涩谷川水流保留下来，改造成600m长的河畔生态步行街，在周边设置景观小品、种植绿植，与周边的STREAM大厦广场形成良好的室外空间，并且将STREAM的一层到三层定位为"涩谷流-自定义"新型商业空间。

游客可以在平台休憩、游玩、就餐、逛街,尽享河畔美好时光,如图 3-10 所示。

图 3-10　东京涩谷 STREAM 河畔生态步行街

3.6　绿色低碳

轨道交通站城一体模式强调以公共交通为主,以提高道路的通行能力和提高环境容量的承载力为目的,与常规的城市交通相比,站城一体模式有着明显的低碳特征,因此站城一体模式天生就是低碳模式。在规划设计即具体的建筑方案设计、公共街道设计中,尽可能利用绿色低碳技术,降低区域整体碳排放。如涩谷 Hikarie 中的"urban core"采用地铁风自然通风换气节能系统:地铁的运行犹如活塞作用,高温气流从车站上升,并使站台周边气压下沉,带动新鲜空气进入,如此形成空气流动,节能减排效果明显;实践证明,仅靠车站的自然通风一年便可减少碳排放量约 1000t。

3.7　经济持续

站城一体模式强调对土地的综合利用和开发,以经济效益为核心,按照经济价值原则形成中心商业区、办公区、外围居住的类"同心圆结构",导致土地"从地下到地面、从地面到地下空间"的立体开发倾向,成为紧凑城市的典型区域。多数政府通过车站站城一体的规划设计提升来提高地价和地区经济增长。以涩谷站为例,政府对区域的土地利用进行优化,从规划上对交通重新整合,把两个早期建设的车站进行移位,实现有效换乘,对空余的土地按照商业、文化、产业、居住、教育的不同比例进行一体化开发。实现车站枢纽与周边地区的集约和互动,提升轨道交通利用率,同时提升周边土地价值。其次,涩谷站划分出涩谷地区促进特别区,给予各种政策引导,如容积率转移等,并确定内部的开发业态和商业策划。最后,涩谷站采用政府和社会资本合作(PPP)的开发运作模式,如图3-11所示。通过东急集团项目公司获得政府相关土地开发许可,首先进行一级开发,开发后将部分一级开发后的"熟地"卖出,获得的土地收益用于铁路建设;同时私铁公司对剩余土地自行进行二次开发,获得的物业销售/租赁收益用于铁路运营。此外,日本私铁公司大多也是大型商业经营商,具有很强的品牌效应,物业形成后进行商业经营所获的收益同样用于补贴铁路运营费用。

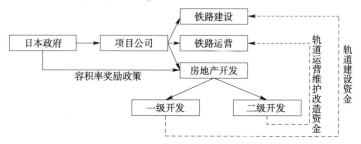

图3-11 涩谷站典型的PPP开发运作模式

第4章

多层级城市轨道交通站城一体规划方法体系

第4章　多层级城市轨道交通站城一体规划方法体系

站城一体规划设计策略需要依托明确具体的方法体系实施,需要贯穿从前期研究到建设运营的全周期,具体的操作层面从宏观、中观、微观三方面切入,对应规划工作中的线网层面、线路层面及站点层面。本章针对3个不同层级所要重点关注的规划设计方法进行详细阐述。

4.1 方法体系概述

"站城一体"开发模式并非只针对某一站点完成周边地区的局部性开发建设为目的,其"城"字从宏观角度来看代表的是整个城市,是要对城市总体层面具有系统性的影响作用,其着眼点是以一个个独立的地区单元为载体,以主要的线路为依托,在城市及区域层面,构建合理的城市形态结构,形成集约紧凑的空间格局,实现低碳可持续发展的目标。因此,城市轨道交通站城一体理念的落地生根需要从宏观、中观、微观三个层面依次把控,即要形成"多层级城市轨道交通站城一体规划方法体系",具体到实际操作中则是按照城市层面、线路层面及站点层面来开展规划引导工作。不同阶段对应规划设计工作要求的边界范围、主要目的及成果见表4-1。

城市轨道交通站城一体规划方法阶段性分级　　　　表4-1

工作阶段	工作范围	重点内容
线网层面	轨道交通线网服务的市区范围/中心城区范围	(1)契合城市功能的站点分类引导; (2)明确站点站城一体综合开发边界; (3)识别城市站城一体潜力发展区域; (4)塑造紧凑发展的城区布局形态; (5)打造便捷高效的交通出行网络; (6)形成站城一体区域正负面产业清单; (7)落实站城一体宏观规划设计成果; (8)实现持续综合效益的开发模式
线路层面	现有/规划的轨道交通线路走廊两侧一定距离内	(1)基于潜力导向的沿线用地梳理; (2)统筹具体功能的线路及站点位置优化; (3)保持总量不变下的用地功能优化; (4)强化轨道交通沿线功能及特色定位; (5)打造区域一体化的高效交通系统; (6)谋划利益最大化目下的实施计划

续上表

工作阶段	工作范围	重点内容
站点层面	距离站点一定步行距离为半径的圆形范围内	（1）基于客流模拟的用地布局与开发规模； （2）布局统筹站城一体的立体多维空间网络； （3）打造契合客流组织的多层次交通体系； （4）策划拟合客流动线的消费场景； （5）汇编形成站城一体开发建设指导任务清单

4.2 线网层面站城一体规划方法

线网层面，即城市层面，这是规划引导的第一层次。目的在于对轨道交通系统的建设发展和城市重点功能地区进行引导，协调轨道交通网络与城市布局、道路结构与主要枢纽的关系，强化公共交通支撑和引导城市土地使用的开发模式，为城市总体规划、分区规划的编制、调整，以及城市相关宏观政策的制订提供参考依据。按照工作内容及顺序，线网层面的规划方法，主要形成以下几点。

4.2.1 契合城市功能的站点分类引导

线网层面进行站城一体规划工作的优势在于全局统筹，可以从城市整体的角度权衡发展方向并指导设计重点。对应站城一体发展模式而言，线网层面最主要的工作应该集中于对不同功能车站给予站城一体发展模式的差异化战略性引导，即做好站点的分类工作。站点分类一方面有助于决策者建立统一的管理标准，挖掘不同车站对应的发展潜力，制定同类站点地区的发展策略和针对性措施；另一方面也便于设计者合理确定各类站点对应的功能定位、功能布局、开发强度等内容，提高站点地区规划设计的效率和有效性。

根据本书第3章所述，基于轨道交通分类相关性指标研究，本书提出将轨道交通站点分为5个类型，分别为生活居住类、商务办公类、功能混合类、特殊节点类和交通枢纽类。考虑不同类型车站服务客流特征的差异，给出站点周边一定范围内土地利用、用地功能、交通方式等对应的设计指引（表4-2）。

按照站点类型划分的站城一体发展模式　　　　表 4-2

站点类型	土地混合利用	用地功能占比情况	主要公共交通方式	区域通达度	主要特征
生活居住类	居住地主要功能区，商贸、娱乐聚集地	交通设施用地占比≤20%，公共设施、核心商业用地≥30%，就业办公用地≥20%，居住、绿化用地≤30%	地铁、有轨电车、公交车等公共交通方式	地铁线路上的一般站点连通主要就业区	对应为集镇或街道中心区；开发强度、密度和容积率中等
商务办公类	就业办公聚集地、行政服务中心	交通设施用地占比≥30%，公共设施、核心商业用地≥35%，就业办公用地≥25%，居住、绿化用地≤10%	城际铁路、地铁、有轨电车、公交车等公共交通方式	多线换乘站点连接其他中心	对应为城市中心区；开发强度、密度和容积率属于都市圈最高水平
功能混合类	街道所在地办公、居住混合，新城组团中心	交通设施用地占比≥20%，公共设施、核心商业用地≥25%，就业办公用地≤30%，居住、绿化用地≤25%	地铁、有轨电车、公交车等公共交通方式	地铁线路上的换乘站点	对应为组团中心区；开发强度、密度和容积率属于都市圈较高水平
特殊节点类	购物中心、旅游文化中心、体育中心、工业中心等	交通设施用地占比≥20%，公共设施、核心商业用地≥40%，就业办公用地≥20%，居住、绿化用地≤20%	地铁、有轨电车、公交车等公共交通方式	地铁线路上的一般站点	对应为特殊功能区；针对不同的服务功能形成不同的发展水平

续上表

站点类型	土地混合利用	用地功能占比情况	主要公共交通方式	区域通达度	主要特征
交通枢纽类	交通功能、商贸中心、休闲娱乐中心	交通设施用地占比≥40%，公共设施、核心商业用地≥30%，就业办公用地≥20%，居住、绿化用地≤10%	铁路、地铁、城际、公交车等多元交通方式	辐射都市圈内各个交通换乘枢纽	对应为城市市中心，开发密度、强度和容积率属于都市圈内较高水平，但核心区为保证疏散容积率低

4.2.2 明确站点站城一体综合开发边界

宏观层面站点站城一体影响区常用600m、800m或1000m等不同半径覆盖范围来衡量。具体到规划实施层面，要明确真正意义的综合开发边界，便于指导围绕实际地块、区域的规划设计工作。实际操作中，以不同半径服务范围为基础，结合站点10分钟步行等时圈、土地资源、用地功能、地块可达性、完整性、地形条件和城市干道等综合划定实际范围，将范围内的地块进行资源梳理，统一纳入站城一体重点影响区（图4-1），帮助形成站城一体开发的基础资源库。

图4-1 轨道交通车站站城一体综合开发范围确定示意图

4.2.3 识别城市站城一体潜力发展区域

规划线网下站城一体综合开发边界划定的范围含众多待开发项目，如何在众多开发项目中识别有价值的一体化项目尤为重要。线网层面开展梳理工作的优势就在于将近远期线路、站点的影响区域统筹考虑,如站点高密度区易形成大规模连片的潜力区域,保证了大体量宏观策略的可实施性。针对具体区域,通过价值评估的方法,聚焦站点核心要素,多维度评估,多因子叠加,形成站城一体综合开发价值地图。针对全市规划的轨道交通站点,选取最能体现站城一体项目投资潜力的多个维度,包括定量要素及实操层面的定性要素,如站点区位、发展热点、站点能级、可开发资源规模、站点时序、溢价空间、重大项目及规划调整难度等。

（1）站点区位：车站在全市重点发展区位分级中的位置；如某城市一级重点建设区、东部发展区等,与区域增量空间与存量更新的发展需求相关。

（2）发展热点：探索车站相关热点的近远期发展时序。

（3）站点能级：车站的轨道交通通达性,分为单线车站、双线车站、多线车站等。

（4）可开发资源规模：车站周边尚可开发利用的土地规模。

（5）站点时序：车站的建设规划及建设进展。

（6）溢价空间：车站在全市溢价区位分级中的位置。

（7）重大项目：车站周边相关项目是否有市级重大项目、区县级重大项目。

（8）规划调整难度：周边规划研究工作的深入及稳定程度等。

通过对各个维度的价值评判,利用指标加权的方式综合评定区域发展潜力,并采用可视化的方式直观反馈,为规划决策提供指导,如图4-2所示。

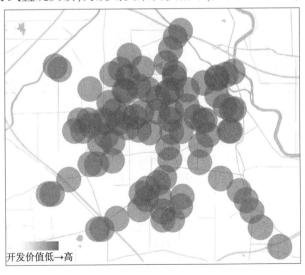

图4-2　站城一体综合开发价值示意图

4.2.4 塑造紧凑发展的城区布局形态

线网层面站城一体规划的工作目的之一是更好地协调城市发展与轨道交通线网之间的协调关系。实践发现，缺少对宏观层面城市发展结构形态不同空间特质和发展阶段的把握，可能导致对不同站城一体规划的作用产生错误理解。如过度关注某一站点或某一段线路，以局部空间组织和利益平衡为重，就会导致忽视规划区与轨道交通沿线整体的关系；过于关注某一条或某一类轨道线路，忽视轨道公交复合发展的结构对城市整体功能及形态带来的综合作用，从而影响城市整体和长远利益。因此，线网层面引领城市结构的塑造尤为重要。城市层面站城一体规划的结构形态类型十分多样，依据线网形态，城市的结构格局也会形成点轴模式、带状模式、放射模式、组团模式等多种形态，如图4-3所示。

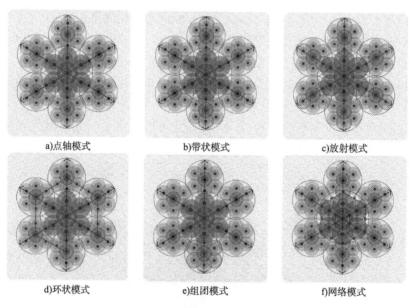

a) 点轴模式　　b) 带状模式　　c) 放射模式

d) 环状模式　　e) 组团模式　　f) 网络模式

图 4-3　站城一体规划的结构形态类型

在实际规划工作中，应综合考虑既有城市形态、线网形态、站点分类等背景，分区位、差异化、多场景下分析不同城市结构对应的发展趋势，明确城市不同区位是围绕区域均质打造，还是追随廊道绵延发展，又或是聚焦重点车站集中建设，选择发展重点后，可以针对性地施以建设指标、开发强度要求的集中，允许围绕重点区域的集中开发，非轨道交通影响区域的限制开发，充分起到站城一体引导发展的作用。例如，大哥本哈根地区分别于2007年和2013年出台了两版国家规划指引，即

《手指规划2007》和《手指规划2013》,主要通过限制城市蔓延和更精确地定义车站近邻区发展来加强指状城市结构(图4-4),促成城市形成了围绕轨道交通放射线路的放射状城市形态。

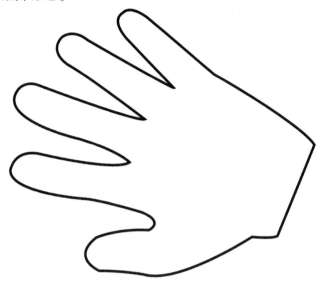

图4-4 大哥本哈根"手指形态规划"示意图

围绕站城一体形成的城市结构本身也是城市功能圈层、组团规划的一部分,不同等级的站城一体发展中心可以指导城市规划中区域设施、邻里设施的合理选址,指导城市营造区域中心、邻里中心,促进不同地方的经济发展。

4.2.5 打造便捷高效的交通出行网络

轨道交通仅能在城市中心、重点功能地区连接成网,外围地区覆盖率、可达性较差,且仅凭轨道交通难以解决到目的地"最后一公里"的问题。因此,轨道交通必须依赖其他交通方式来形成通达顺畅的连接体系,增加公共交通的可达性。针对轨道交通线网的布局以及相应城市结构的调整,城市交通规划应及时做出回应。线网层面最主要的两项工作内容是划分区位、提出原则。划分区位是指要在线网层面根据城市形态按照交通需求特征进行出行特征的区域划分,如圈层式划分、廊道式划分或节点区域式划分,甄别不同区位站点的接驳需求,综合考虑周边用地开发的特性,区分出慢行接驳主导、公交接驳主导、混合方式主导的站点。提出原则就是在分类的基础上,差异化地提出交通提升优化原则,以此完善城市道路网规划、公共交通规划、慢行规划等。站城一体理念下各种交通方式普遍的优化原则如下：

1）道路交通

应衔接综合交通规划、道路交通规划工作内容，优化调整站城一体区域的道路网结构，提高支路网系统的联通性，增加道路网密度。例如，根据站城一体发展理念，为支持慢行交通的可达性，站城一体区域内支路网密度原则上应达到 $6 \sim 8 km/km^2$，如图4-5所示。

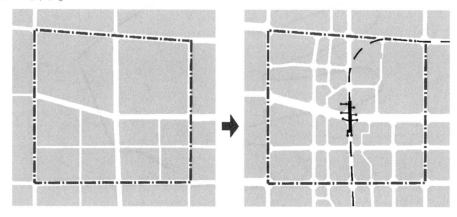

图4-5　结合轨道交通线网建设完善轨道交通影响区支路网系统

2）公共交通

明确地面常规公共交通在城市轨道交通线网布局下的发展定位。对应轨道交通线网建设规划、开通时序，适时开展全市公交线网优化工作。重点以协同发展为方向调战略，处理好地上与地下的关系。要在增强公交、轨道两网的融合度上下功夫，调整地面公交的发展战略，改变地面公交独立成网的传统思路，利用地面公交实现轨道运力的补充、轨道不可达区域的覆盖、轨道间隙之间的连接等功能，依托空间便捷换乘、票制票价引导、时刻表衔接等措施，实现地面公交网和轨道网协同发展，逐步形成以轨道为骨干、地面公交为支撑的公共交通服务体系。

3）慢行交通

强调站城一体区域慢行交通的重要性，作为解决"最后一公里"的重要方式，甄别慢行交通主导区、机动化交通主导区，差异化完善慢行交通接驳设计。

通过多种交通方式的衔接，提升公共交通系统的可达性，引导出行需求转移到公共交通上来，优化城市出行结构。

4.2.6 形成站城一体区域正负面产业清单

通过分析上位规划、分区规划、专项规划、相关的产业发展要求、轨道条件及客流特征，明确站点及周边区域的定位与目标，确定站点周边所需配套的公共服务设施，促进城市功能与交通功能融合发展。

从城市功能的角度出发，落实总规城市布局对不同区域的功能定位要求，梳理文化、体育、医疗、教育、养老等功能对站点周边区域的要求，分析分区规划对产业空间布局、公共服务设施配套的定位。从城市适合的产业业态角度出发，落实地方产业业态白皮书等上位要求，分析产业功能区规划等相关产业规划中产业的发展目标、产业布局，对接相关产业功能区规划等对站点周边的产业、服务配套设施等相关要求。最后针对不同站点类型形成正负面产业清单，指导线路、站点层面的业态功能布局。

4.2.7 落实站城一体宏观规划设计成果

站城一体宏观规划设计成果需要形成有效的站城一体规划编制方法、规划实施机制、配套政策及试点方案来保障实施。

1）形成因地制宜的开发实施导则

结合城市特征，充分整合线网层面设计成果，超前谋划线路、站点层面的设计细节，将上述站点分类、区域潜力、城市发展格局、交通网络打造等内容总结成文，在不同类型一体化的交通和土地利用规划设计要点中，具体提出开发范围、容积率、各类用地比例、人口密度等关键性量化指标，形成站城一体规划设计技术指南，为交通与土地利用规划编制、规划设计审查、规划许可审批等提供量化参考依据。例如，北京市规划和自然资源委员会于 2020 年 9 月正式发布《北京轨道交通车辆基地综合利用规划设计指南》，指导项目确定适当的用地与建筑规模、合理安排适宜的综合利用功能、配置完善的配套服务设施、实现安全便捷的交通系统、打造与城市相融的景观环境等，对容积率计算、绿化要求等现行政策规范进行了不同程度的充实和优化。

2）形成支撑公交导向的城市规划指引

在城市规划编制与管理体系中引入站城一体理念，必须调整在城市规划工作中各个阶段的原则和内容，将站城一体发展的策略按照不同阶段深化的工作内容予以落实，借助法定规划的效力约束站城一体发展要求（图 4-6）。例如在城市总体规划阶段按照站城一体发展策略确定城市功能结构，并结合城市轨道交通线网深化站城一体发展内容,形成站城一体专项规划。在分区、组团规划阶段则承上启下,承接城市对片区的功能定位,并指导控制性详细规划的编制。控规阶段按照站城一体的具体策略形成地块用地性质、开发强度等工作内容。最后在城市设计方面着重对建筑群体布局、公共空间设计、交通组织、公共界面处理以及环境营造等方面提出设计指导。自上而下完善站城一体在城市规划体系中的实施保障。

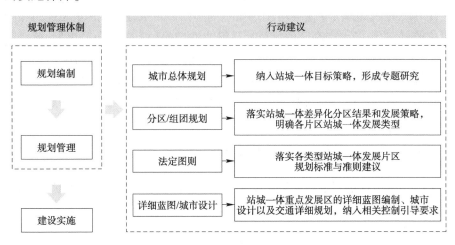

图 4-6 不同规划阶段对应的站城一体规划内容

3)编制效力性强的保障政策

为引导地区的一体化发展,在技术指引之外,还应完善法律法规体系,制定轨道交通上盖物业联合开发的具体办法或条例,完善公交优先、交通需求管理以及小汽车使用等配套交通政策,从而使站城一体发展的社会效益最大化。目前国内大部分城市(包括北京、上海、杭州、苏州等)均在城市轨道交通运营中、甚至在开通前(如南通)就发布相应的管理指导意见,从站城一体综合开发的规划条件、开发方式、开发主体、收益管理等方面指导并规范相应的发展行为。具体的政策汇总在本书第7章阐述。

4)推行站城一体试点区域设计方案

在完整的技术、政策框架下,站城一体理念的实施开展更需要实践项目来探索方案的全面性来弥补技术路线的漏洞。在发展初期,可按照项目重要程度先行开展试点区域、示范区方案设计及建设,在具体操作中不断摸索、改进,形成真正适合城市特征的一套经验体系。例如,成都市在多年站城一体发展策划酝酿下，先期开展陆肖站站城一体等示范项目的开发建设，在其中不断探索建筑材料、环保等级、立面绿化等设计细节，为后续的项目开展积累宝贵的经验。

4.2.8 实现持续综合效益的开发模式

在从城市层面统筹技术方案之外，更应从顶层出发明确城市推行站城一体开发建设的投融资模式。目前国内外的实践积累了大量经验，站城一体发展模式主要总结为3类，即政府主导模式（如新加坡）、市场导向模式（如东京）及政府+企业合作开发模式。实践证明，政府主导模式需要政府承担高昂的投资成本，市场导向模式则难以总体把控片区功能，造成发展失控。而政府+企业合作开发模式，是政府部分资金资助结合政策导向发展，同时发挥政府和企业的优势，基本兼顾规划统筹和投资吸引的要求，是最适合国内站城一体发展的方式。在该模式下，项目通常被分为项目立项、实施、建设和综合开发、轨道运营和物业经营阶段。

(1)项目立项阶段：将城市轨道交通项目的规划设计理念与周边土地的开发方案结合。

(2)项目实施阶段：将土地开发与项目建设施工统筹，包括通道预留、管线铺设等基础环节。避免由于谋划不充分，带来重复投资、工期延误等现象。

(3)项目建设和综合开发阶段：遵循"统筹安排、合理规划、最优开发"的原则，开发建设工作分两个方面：一是轨道交通项目本身，按批复的规格建设合格的轨道工程；二是项目周边土地开发，通过法定程序获得土地使用权进行开发。

(4)项目建成后轨道运营和物业经营阶段：项目经营收入包括运营收入（客票收入、相关商业收入等）和物业经营收入（出租、商业收入），由于轨道交通与物业经营相互影响，应提前策划，充分挖掘两方面的潜力。

例如，深圳市采取地下空间和地上空间使用权分割出让的方式，地下空间用于交通设施，地上空间用于商业服务。其地铁前海湾车辆段上盖物业用地使用权的挂牌出让，就是借鉴香港经验，在中国内地首次出让地铁上盖使用权。将地块功能立体分三层（地下空间、地上0~9m地铁车辆段配套设施部分、地上9m以上空间综合性物业开发部分）设置土地使用权，创新了轨道交通建设用地多层空间开发模式。

4.3 线路层面站城一体规划方法

第二层次为线路层面的规划引导。充分发挥轨道交通线性工程对沿线城市功能的串联、组织、优化作用，确定轨道交通沿线片区与站点周边地区的功能定位、建设规模、交通设施及其他公共设施的设置要求、公共空间系统引导要求等，为相关地区城市控制性详细规划的编制和调整提供参考依据。

4.3.1 基于潜力导向的沿线用地梳理

相较于全市站城一体潜力区域的筛选，线路层面沿线用地的梳理更具有针对性。线路走向与用地潜力两者呈相互影响、互相促进的作用关系。

从线路对用地影响的角度而言，沿线用地梳理可以根据线网、线路走向来进一步挖掘、细化土地价值，将与线路直接相关的土地从全市层面剥离开来，分析地块是受单线线路影响还是受多线影响，评价地块与城市重要功能点在轨道交通线路影响下的连接通达性变化，深化土地价值评价。从用地对线路的角度而言，不同用地覆盖面积的对比结果也是线路走向及站点选取的优化依据，可根据不同线路走向对沿线用地覆盖的效率来调整线由。如西宁市在轨道交通3号线前期方案研究中，从站城一体开发的角度对沿线影响的用地进行梳理（图4-7），按照高效面积及低效面积分类，高效面积指轨道交通影响范围内居住、商业、办公等用地的面积，轨道交通的引入对其低价以及使用效率有较大的提升；低效面积指轨道交通影响范围内的产业用地面积，包括工业、仓储、商贸等用地，轨道交通的引入对其使用效率提升较少，以此来支撑后续城市结构优化、线路优化等工作。

4.3.2 统筹具体功能的线路及站点位置优化

潜力用地的梳理影响着线路走向、站点及车辆段的选址。

1) 线路走向及站点选址的优化

在线网规划给定线路通道的前提下，在线路具体路由选择、站点选址阶段植入站城一体发展理念，主要考虑线路对高效利用土地的覆盖、站点与沿线城市中心体系的耦合程度等，在传统的线路长度、转弯半径、投资造价等基础考核指标之上，增加土地覆盖率、中心耦合度、潜在开发价值梳理等指标，以促进土地集约开发、实现轨道交通建设价值最大化为目标,形成多通道、多指标、多层级的考核对比体系,对线路、站点选择给出明确的指引。

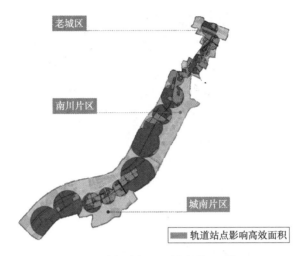

图 4-7　西宁轨道交通 3 号线沿线用地梳理

2) 车辆段选址优化

车辆段选址是线路走向选择的一个制约因素,传统的车辆段位置选择取决于城市发展要求(用地条件)、工程技术条件、拆迁补偿费用平衡、周边环境影响评价等因素,除此之外,与路由选择同样,在站城一体发展理念下还需考虑车辆段的综合开发价值。要以最大化开发价值为目的,对多种车辆段选址进行综合评价,辅以相应的道路结构调整、站场融合设计等。如深圳轨道交通 10 号线东延段车辆段初步选择了 17 个选址方案,在完善指标体系评价下层层筛选,才确定最终的选址方案。

4.3.3　保持总量不变下的用地功能优化

线路走向对用地的关系上,线路的建设促进了沿线土地价值的提升。在国土空间规划对土地建设严控增量、疏解存量的大背景下,轨道交通的建设给城市土地的高效利用带来契机。站城一体理念引导下,城市规划部门可以在用地总量保持不变的前提下,将高效价值、高开发强度的用地通过调整优化向轨道交通沿线靠拢,随轨道交通廊道蔓延形成城市线性通道(图 4-8),增加轨道交通客流的同时也发挥出轨道交通对土地的增值效益,打造廊道上的活力带。将土地功能优化成果形成沿线区域控制性详细规划,并以此为依据指导用地实施。如西宁在轨道交通

3号线规划初期即开展沿线用地规划调整工作,将沿线南北两大片区整体考虑,对北片区中的混合功能用地进行分类整合,将商业用地、行政办公用地、居住用地等进行整合利用,有利于形成集聚效应(图4-9)。

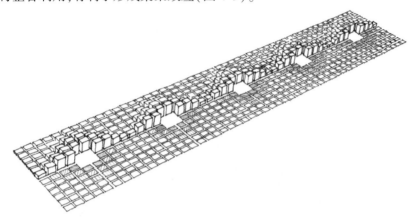

图4-8 沿轨道交通通道的高强度开发

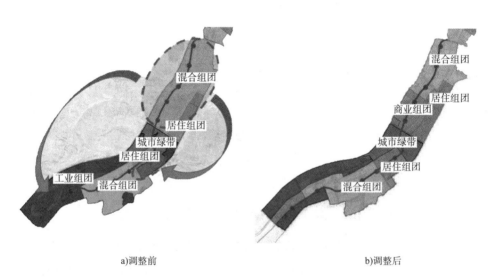

a)调整前　　　　　　　　　　　　　　b)调整后

图4-9 西宁轨道交通3号线沿线用地优化调整

4.3.4 强化轨道交通沿线功能及特色定位

对于沿线功能及定位的发展方面,廊道层面站城一体的发展要求在线网层面工作基础上进一步深化,结合站点功能分类引导、城区结构整体格局指引等上位要求针对性地确定沿线及车站的发展定位,依据各站点基础和特质,进行定位和布局的差异化设置。例如,对沿线的生活居住车站,根据侧重点的不同可区分打造,将居住功能突出的打造为居住生活类,重点构建居住服务体系,打造优质生活圈;将居住、商业混合的车站周边打造为居住商业类,策划商业休闲等业态,丰富周边功能。此外,可根据线路连接的重要节点来打造廊道特色定位,具体如下。

(1)交通走廊/运输线:串联主要交通枢纽、城市功能区的线路,高效通达畅联、引领交通变革。

(2)经济走廊/创新线:连接区域经济产业区、科技创新区的线路,导入区域资源、赋能创新发展。

(3)活力走廊/服务线:连接重点生活区、活力商业区的线路,集聚公共服务、提升城市活力。

(4)门户走廊/魅力线:连接城市门户、核心景区的线路,阅览山水景观、展现城市魅力。

4.3.5 打造区域一体化的高效交通系统

线路层面对沿线交通体系的优化要做好对线网层面发展原则的合理承接。首先要明确沿线不同区段站点对应的接驳特征,确定接驳交通系统的设置原则。其次注重各个接驳方式的具体设计,重点关注道路路由、地面公交线路走向、地下连续空间的线性关系,相应的设置原则如下。

1)道路路由:优化城市综合交通规划

轨道交通廊道应避免与高速公路、城市快速路及交通性主干道重合,提倡与慢行系统接驳,有利于优化步行环境,减少与快速通过性机动车交通的相互干扰,如图4-10所示。对轨道交通沿线影响区域的道路交通网络规划调整应及时纳入城市综合交通规划相关章节。

2)地面公交线路走向:形成公交线路优化实施方案

公交线路与轨道交通廊道同属线性关系,两者的线网形态、客流需求、运营模式决定了配合程度。应根据线路开通时序针对性地开展沿线公交调整优化工作,或进行公共交通规划的修编,从规划层面明确轨道+公交的公共交通发展策略。原则上适当保留平行于轨道线的公交线路,以满足不同距离、速度的客流需求,实现公交走廊复合功能;同时加强与轨道交通线路垂向联系密切的常规公交接驳服务,特别是开通微循环、接驳车,加强地面公交对轨道交通的客流饲喂作用,形成多层次、便捷可达、鱼骨状的公共交通线网体系(图4-11)。

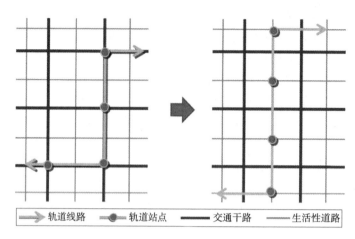

图 4-10　轨道廊道应结合生活性道路布设

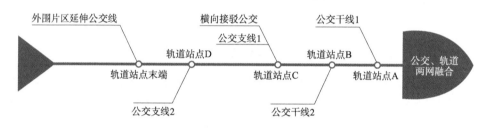

图 4-11　鱼骨状公交接驳体系示意图

3）连续性的地下空间：纳入地下空间开发规划

连续多个站点、结合商圈开发等形成的长距离线性地下空间也应在廊道层面站城一体开发中予以关注。应结合轨道交通推进开展沿线地下空间的梳理、整合设计工作，开展沿线地下空间规划调整工作，并针对性形成开发方案，跟随线路建设一并开发线性地下空间，最大化挖掘轨道交通沿线的价值潜力。例如，深圳轨道交通 1 号线会展中心站与购物公园站之间的地下购物街，实现了两站间的连通，并提供了较好的餐饮、购物环境，两站还直接连接了两个大型购物休闲广场。深圳轨道交通 1 号、2 号、3 号线均东西向横贯华强区域，南北向穿越该区域的 7 号线将与 1 号、2 号、3 号线接驳换乘，深圳市政府和地铁公司早在 7 号线初步设计阶段就开始对华强北商圈进行详细调研分析，对地下空间进行周密细致的规划研究；并决定借地铁建设之机，对华强北的交通网络进行立体改造。现状华强北地下空间开发形成长 1122m、宽 21m 左右的地下商业长廊，商业价值和社会效益都将得到充分体现。

4.3.6 谋划利益最大化目的下的实施计划

线路层面轨道交通的具体工作多围绕建设规划开展,即线路正式纳入建设计划,相应的站城一体研究工作也应开展具体的实施计划,包括项目投融资收益对比、土地出让时序等,从全线层面进行合理统筹。

1)投融资项目平衡

轨道交通建设本身属于交通基础设施建设,其投资多由政府主导投入。而廊道影响范围的土地增值属性使得轨道交通站点关联的经营性地块因交通可达性提高而升值,这是政府公共投资正外部性的表现,各地政府部门期望轨道交通建设带来的土地增值收益能部分还原,用于公共交通建设,从而减轻公共设施投资的压力。因此,在廊道站城一体规划层面,要匡算投资收益,结合潜力用地梳理、用地功能调整测算开发收益,明确资金缺口和运营风险,一方面积极采取土地储备、公共设施配套和规划得益、土地税收等方式多渠道拓展开发收益;另一方面将匡算结果反馈至土地功能优化阶段,进一步优化土地用地功能、开发强度,实现效益的最大化。

2)形成沿线土地出让计划

在完善的用地功能、开发强度、投融资匡算的测算基础之上,分阶段的土地出让计划也是利益最大化的关键。要结合线路走向、周边城市建设情况,按照近远期、各部门职能分工制定实施方案,制定项目库和作战图。以土地储备的形式获取增值收益时,要分区段、分节点、分时序测算不同情况下出让入地的收益规模,同时应处理好不同用地性质的相互影响关系,如先出让居住用地培养客流,待人气形成规模后对沿线其他土地带来增值作用,再依次出让,以取得最大收益。

4.4 站点层面站城一体规划方法

第三层次为站点层面规划设计引导。确立轨道站点与周边物业发展、交通换乘空间及城市空间的立体对接关系,对站点出入口、步行系统的设置提出详细引导要求,相关引导要求纳入控制性详细规划,并作为土地出让时的附加条件,为相关修建性详细规划的编制提供引导。站点层面的站城一体规划工作更加微观,决定了车站出入口设置、周边用地功能的考虑,直接影响出行者的使用行为,因此,方案的规划设计要紧密围绕客流需求及客流动线展开,把"路过"的乘客"留住",充分利用站点的活力价值。具体工作主要集中在以下5个方面。

4.4.1 基于客流模拟的用地布局与开发规模

指导站点周边建设的主要工作即确定不同地块的用地功能及开发强度,要求形成站城一体理念引导下的功能、业态布局及开发规模匹配,落实纳入控规的用地规划图则。

1)形态的向心性及业态的圈层性

站城一体理论强调的就是围绕站点形成具有形态的向心性及业态的圈层性,如图1-1所示。即以站点为中心向外,最核心的位置拥有最大的客流集散需求,对应最大程度的潜在活力,拥有最高程度的利用价值,因此,将商业功能配合高强度的开发堆积于站点核心;中心向外中间圈层利用价值次之,起到连接中心区域与外围区域的作用,倡导中等强度开发并设置公共服务功能;最外围区域则打造静谧、低密度的宜人居住空间。这样的用地布局与客流需求中最频繁的路径(车站-商业-公共服务-住所)相一致,不但满足了出行者的常规出行,还实现了商业、公共设施的便捷服务,将站点为核心提升的用地价值充分利用。

2)容积率转移下的开发规模优化

顺应由内而外的价值递减,内部的高价值要配合高强度的开发来充分利用。容积率是政府控制城市建设用地开发强度的一项重要指标,在站城一体设计的过程中重点区域的容积率势必会发生调整,容积率指标转移便是充分适应站城一体开发的弹性调控机制。围绕车站站点,将外围影响区的开发规模向核心地区地块转移,可以在开发规模不变的前提下使得城市建设趋向以站点为核心的金字塔型,丰富城市的天际线,形成紧凑型开发模式。

3)合理利用容积率奖励政策

推动站城一体发展需要政策的引导。为城市开发而制定的各项制度在诸多方面促进了城市的发展、改善了人居环境,例如,与车站的便捷联系,改善车站的道路和交通体系,更多的公共开放空间,创造更舒适、美好的城市环境。对于项目的开发商,通过把对社会公众的贡献转换为容积率奖励,并以此带动城市更新,引入更优异的城市功能,最终进一步激发城市活力,带动更多的公共贡献。如东京站地区,针对开发用地内拥有一定比例以上的空地的建筑,若是采取了诸如在用地内能为步行者提供自由通行或利用的空地(公共用地)的措施,并被政府认可为有利于市区环境的改善时,可放宽其更新后的容积率限制、斜线限制和绝对高度限制等(图4-12)。即拿出更多的公共空间作为城市的共享区域,从而换取更多的容积率。相应的容积率奖励办法,东京等已形成明确的条文规定,如对不同的条件对应明确的奖励指标,保证政策的实施落地(图4-13)。

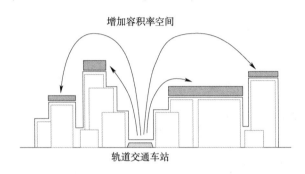

图4-12 东京站容积率奖励政策

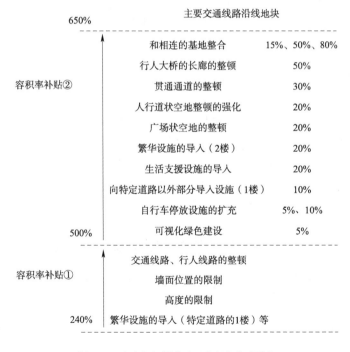

图4-13 东京枢纽周边地区容积率奖励措施

4.4.2 布局统筹站城一体的立体多维空间网络

容积率奖励政策的目的也在于鼓励建设通道、连廊、公共空间等纽带，将车站与周边地块充分融合在一起，实现站城一体。一方面，从车站角度出发，以实际走行需求为导向，鼓励车站建设多个出入口，与周边建筑连通，满足各个方向的走行需求，减少站内的绕路，如图4-14所示。

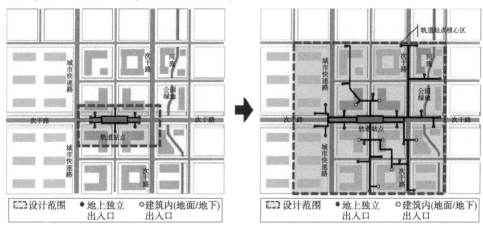

图4-14 轨道站点出入口的设计范围应覆盖轨道站点核心区

另一方面，从车站周边的空间角度出发，探索建筑体、地下空间、地上连廊等与车站实现连通的可能，挖掘潜在的可用开发空间，如图4-15所示，增加车站可达性的同时也增加了车站地区的实际可用面积，充分挖掘轨道周边的用地价值。最终在站点地区形成地上地下整合的立体多维空间网络，对地下车站而言，常见的布局形式为地下2层为轨道站台，地下1层为站厅、换乘空间、公共空间，地面为道路，地上建设高线廊道，容纳出入流线、换乘流线、购物流线、过境流线等，利用立体交通核串联不同层空间，实现功能的全部整合，如图4-16所示。

4.4.3 打造契合客流组织的多层次交通体系

聚焦站点层面的交通体系构建是更加微观的考虑，从道路网形态、慢行环境、机动化接驳方面都要密切贴合进出站客流的接驳换乘需求。

1) 向心寻路系统

站点地区应打造围绕车站的道路网形态，对应其用地功能形态的向心性及业态的圈层性，满足大部分人流进出站需求的道路网形态也应是以车站为中心的向

第4章 多层级城市轨道交通站城一体规划方法体系

心路网。类似于东京的池袋站，如图4-17所示，所有的主干道路都是从站点出发，向外发散，使得站点地区成为道路可达性最高的区域，促使长距离出行者选择轨道交通出行，发挥站城一体的引导功能。

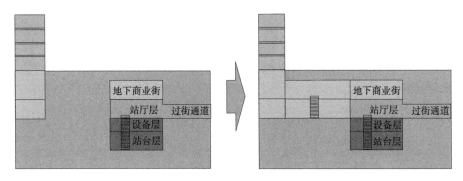

图4-15 站点地区地下空间的整合考虑

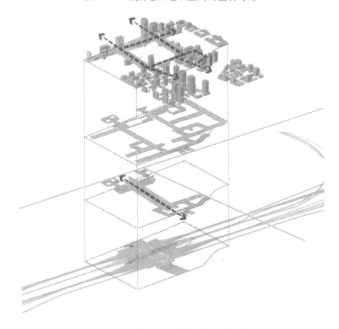

图4-16 站点地区立体空间网络示意图

2）地上、地下一体化的慢行接驳环境

要求核心影响范围内地面步行系统路网密度应高于道路网密度，且主要步行道宽度要在常规设计要求的基础上增加余量，提升步行体验，同时应构建地面人行道、地下通道、空中连廊、过街天桥等立体化的步行设施网络，拓展慢行的可达性、舒适性。在实际项目设计中,对不同功能、不同高程的慢行路网依次梳理,包括地面道路、高线连廊、地下空间等,在完成充足覆盖的基础上增加联络,形成一体化、多样化、高标准的慢行接驳网络(图4-18)。

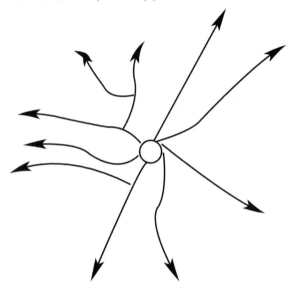

图4-17 池袋站向心性路网系统

图4-18 某车站地区慢行网络设计

3）灵活便捷的机动化接驳设施

站点层面重视机动化接驳的换乘便捷性。首先要在空间尺度上缩短换乘距离，公交车站、机动车/出租汽车换乘点与车站出入口的距离要满足相应的规范要求；其次做好接驳方式的时间衔接，灵活对接不同公共交通方式的时刻表，做到无缝转换，减少换乘候车时间，或者及时公开并更新时刻表信息，让出行者灵活掌控出行计划；最后做好机动化交通工具的交通组织，满足车辆进出站及临时停靠，保障"最后一公里"接驳的时效性。

4.4.4 策划拟合客流动线的消费场景

站点层面要深化站城一体影响区内功能业态、需求规模及布局。业态方面根据线网层面的正负面产业清单，结合站点类型、客流情况等特征，划定拟引入的产业业态。需求方面综合考虑站城一体影响区的实际需求，测算不同业态合适的规模，确定业态配比。最后确定业态的布局时，拟合客流动线，顺应站点周边的圈层式结构及向心型路网格局，贴合出行习惯及心理，在适合的位置配置相应的业态。如在出站到住所的路径上，出站处附近设置休闲娱乐业态，迎合下班后放松休闲的需求，在住所附近设置生活配套服务，含便利店、食品店、蔬菜生鲜等零售业态，满足居家生活需求。

4.4.5 汇编形成站城一体开发建设指导任务清单

1）一体化管控及建设时序引导

对车站影响范围内的用地开发要结合具体功能来渐进式引导。例如，围绕尚没有形成人气的车站先行建设办公、绿化等功能，逐步吸引资源集聚。这方面要遵循城市发展规律，优先建设居住用地，聚集人口提升人气，待需求形成再进一步开发商业、办公等公共建筑，不仅可以保障使用率，还可以提升土地出让时的土地价值。如东京的二子玉川站、多摩广场站初期建设时周边建设居住组团，距站点步行可达或通过公交接驳直达车站。人们通过步行接驳轨道线路可快速、准时到达内部圈层涩谷站周边的就业中心。后期在二子玉川站周边逐渐加入办公功能，促进部分本地职住均衡，同时逐层递进式吸引更外侧站点周边居住的人来此就业，站点周边也形成了多样化的复合功能。这种围绕轨道交通的空间资源的分配体系实现了用地集约，引导了人们绿色出行习惯，同时发挥了轨道交通带来的用地价值提升。

2)公共空间建设保障机制

用地功能开发实施之外,需要重点关注公共空间的实施保障,例如车站与周边建筑连接地下通道的公共部分、市政过街天桥与建筑连接的连廊等区域,常存在权属不明、主体不清的实际问题,影响区域交通网络的通达性及整体方案的完整性,使得设计效果大打折扣。因此,应多措并举明确公共空间的实施路径,从主体上提倡政府主导、周边权属单位配合,从资金层面积极拓展资金来源,构成社会资本融合政府补贴的开发模式,从后期运维方面推广"谁使用,谁维护"的管理思路,保障公共空间能建出来、用起来。

第5章

城市轨道交通站城一体评估指标体系

第5章 城市轨道交通站城一体评估指标体系

新型城镇化背景下,我国大部分城市亟须从传统粗放式发展模式向集约化发展模式转变,多规合一的国土空间规划体系为城市发展模式转变提供契机,为城市沿着轨道生长提供更多可能。本章构建站城一体评估体系,为不同规模、不同发展水平城市轨道交通站城一体提供工具和方法,实现轨道交通与站点周边土地利用开发之间的协调发展。

5.1 站城一体评估指标体系目标与框架

近年来,国内多座城市积极开展站城一体实践,并出台相关支持政策。但实践工作中,选择实施车站、车站周边区域的规划设计等环节依旧缺乏科学的技术指导,影响项目实施成果。作为以行动为导向的工具,站城一体评估指标体系旨在帮助城市基于多源大数据,应对站城一体实践过程中的关键性挑战,抓住轨道交通建设带来的城市发展机遇。

5.1.1 评估指标体系目标

评估体系旨在促进助力城市站城一体实践,帮助城市更透彻理解站城一体工作生态链、筛选适宜站城一体实践的车站、制定并优化站城一体规划设计方案,并通过项目实施绩效监测,将前序项目实践经验反馈到后续项目中。主要目标如下:

1) 确定全网车站站城一体实施优先级

实施车站的选择是站城一体工作生态链的第一步,也是最重要的一步,本质是对全市轨道交通车站站城一体开发机会进行量化。那么到底什么样的车站具备站城一体开发机会呢?纵观国内外站城一体项目实践经验,城市早期站城一体项目通常集中在开发较容易的白地,或位于中心位置和交通便利的交通枢纽,但是除上述类型外,其他轨道交通车站也有站城一体发展机会。世界银行在站城一体社区实践中开发了基于车站类型的3V价值框架,以促进不同背景下城市范围内站城一体的实施,国外其他城市在站城一体实践经验中形成了"站城一体优先级诊断工具"。国内已开展站城一体实践的部分城市都经历了车站筛选环节,但具体操作中大多存在定性判断为主、定量评估辅助、评估内容体系不完整等问题。国内城市站城一体模式迎来重大发展机遇,制定站城一体发展机会定量化评估工具势在必行。

站城一体评估体系目标一即作为站城一体发展机会量化评估工具,可用于全市城市轨道交通车站"处于什么潜力状态"的量化评估。即围绕影响站城一体实施的关键因素，分析全市已建成及规划轨道交通车站是否处于适合站城一体开发的状态，对全市轨道交通车站的站城一体开发时机做出量化评估，使城市能及时确定开发时机成熟的轨道交通车站，并快速响应。基于站城一体潜力诊断评估结果，相关决策者可制定、调整优化全市层级轨道车站"站城一体"车站布局，提升轨道建设带动城市发展的效果；亦可诊断开发时机不成熟车站的现状缺陷，并推动针对性改善措施的实施，提高其他车站一体化开发机会。

2) 支撑站城一体规划设计

总结国内部分城市站城一体开发实践经验，实际开发中存规划设计对车站周边土地发展预计不足；车站核心区未体现应有密度优势，密度梯度不明显，影响轨道服务效率；土地规划与交通规划结合不紧密；步行接驳范围小，慢行体验差等问题。站城一体开发规划设计阶段车站核心腹地开发强度、用地功能、接驳设计等方面缺乏技术性依据，既导致城市开发密度失控和建设质量下降，也损害了规划的权威性和公平性，亟须针对国内城市特点制定一套站城一体规划设计要点。

站城一体评估体系目标二即作为站城一体规划设计的技术支撑，用于站城一体开发规划设计阶段方案评估。以站城一体理念本质为切入点，Cervero、Kockelman 等提出的"3D"原则等为参考依据，结合国内城市背景，提出站城一体规划设计要点，助力站城一体项目实现良好的城市设计、坚持最佳实践。基于站城一体规划设计评估结果，相关决策者可以调整、修改、优化具体车站规划设计方案，从而更好地实现发展目标。

3) 评估站城一体项目实施绩效

前序项目实施绩效的监测评估，可较为准确地体现关键规划和政策干预对项目实施效果的影响，并将这样影响机制反馈至政策制定部门、规划设计设计单位等，从而在后续项目充分借鉴前序项目的经验。国内站城一体落地项目较少，大部分城市尚未形成实施绩效监测评估体系。

站城一体规划评估体系目标三为填补实施后评估空白，制定站城一体项目关键绩效指标，为城市提供衡量项目实施绩效的方法。

5.1.2 评估指标体系框架

综合站城一体评估体系确定全网车站站城一体实施优先级、支撑站城一体规划设计、评估站城一体项目实施绩效的三大目标,将基于多源数据融合的站城一体评估体系分为站城一体潜力评估指标体系、站城一体规划设计评估指标体系、站城一体实施后评估指标体系三大部分,如图 5-1 所示。

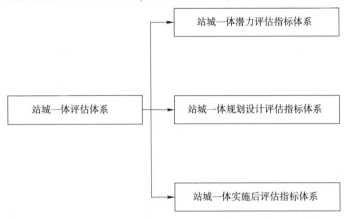

图 5-1　站城一体评估指标体系框架

5.2　站城一体潜力评估指标体系

5.2.1　站城一体潜力评估指标体系框架

潜力评估是保障站城一体实施的基本支撑和前置条件,是影响实施效果的最关键因素。在框架体系构建方面,潜力评估指标体系旨在服务城市站城一体战略布局,面向政府、轨道公司、城市建设开发等对象,包括功能区位、交通能级、服务配套、市场潜力、政策激励 5 个维度。其中,功能区位主要从轨道交通车站与城市发展中心契合度方面展开评估,是轨道交通契合城市发展的诠释。交通能级主要评估轨道交通车站在城市公共交通网络及其服务体系中的重要程度以及基于公交网络交通辐射能力,是车站在轨道交通网络重要性的诠释。服务配套主要从轨道周边交通基础设施、公共服务设施以及用地功能等方面展开评估,是周边基础设施服务质量的诠释。市场潜力主要从市场求、区域进一步建设开发空间以及房地产市场需求等方面展开评估,是车站周边建设开发潜力的诠释。政策激励主要从税收以及容积率激励政策展开评估,是车站周边开发活动政策支持的诠释。站城一体潜力评估指标体系框架如图 5-2 所示。

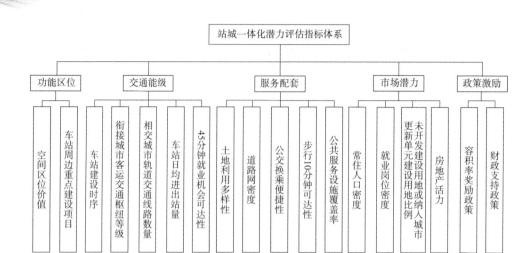

图 5-2 站城一体潜力评估指标体系框架

5.2.2 站城一体潜力评估指标体系构成

站城一体潜力评估指标体系由功能区位、交通能级、服务配套、市场潜力和政策激励 5 个维度的 18 个指标构成。

1）功能区位

轨道交通引导城市发展的关键是城市土地利用开发与交通基础设施建设尤其是轨道交通建设相互匹配。站城一体潜力评估首先聚焦轨道交通车站与城市发展轴的契合度，评估轨道交通车站与城市中心、重点建设区以及重大建设项目的关系。具体指标包括：

（1）空间区位价值。位于城市发展中心内的轨道交通车站，周边城市建设、社会经济发展、基础设施服务等方面相较于普通车站优势突出，这些车站的站城一体开发有可能打造城市地标，围绕车站营造活动中心，带动车站周边城市区域进一步发展，并缓解中心区域的交通拥堵。空间区位价值指标评价车站与城市国土空间总体规划中城市中心体系、发展廊道的空间耦合关系，反映车站所在空间的城市功能区位等级。

（2）车站周边重点建设项目。重点建设项目是城市发展的重要支撑，是经济社会发展的助推器，其牵引带动作用将提升轨道车站客流吸引力。车站周边重点建设项目指标评估内在建或规划建设项目对区域客流吸引力的影响。

综上，车站功能区位评估指标包括空间区位价值、重大建设项目影响，评估框架见表 5-1。

功能区位维度评估框架　　　　　　　表 5-1

指　　标	定性定量	指标计算/衡量方法
空间区位价值	定性	车站与城市中心体系耦合度，车站所在城市中心等级越高、距离城市中各级中心越近，空间区位价值越高
车站周边重点建设项目	定量	车站 800m 范围内在建或规划有提升客流吸引力的重点建设项目等级。（备注：重点建设项目指纳入城市重点建设项目清单的项目；提升客流吸引力项目包括交通枢纽等基础设施项目，政策性住房、文旅项目、教育、医疗、养老、文化、体育设施、便民服务等民生改善项目，以及产业基地等高精尖产业项目）

2）交通能级

作为轨道交通网络的基本组成部分，轨道交通车站承载乘客进、出站活动，是发挥轨道交通人流聚集效应的基本要素。车站在轨道交通网络中的重要程度影响车站的辐射能级。站城一体潜力评估体系聚焦车站建设时序、衔接城市客运交通枢纽等级、相交城市轨道交通线路数量、车站日均进出站量、45 分钟就业机会可达性，主要评估轨道交通车站在城市公共交通网络及其服务体系中的重要程度以及基于公交网络交通辐射能力。

（1）车站建设时序。对于已运营车站，其建成时间对车站周边商业、写字楼、居住小区等建设，以及医疗、教育等公共服务设施配置有重大影响。站城一体强调轨道建设与城市建设同步，对于规划批复车站，其建设时序对周边城市建设开发时机有重大影响。车站建设时序指标评估车站周边区域开发配套程度及开发时机。

（2）衔接城市客运交通枢纽等级。车站衔接城市客运交通枢纽等级越高，车站服务辐射范围越大，客流产生、吸引能力越强。客流的大量聚集，为站城一体综合体输送潜在客户。衔接城市客运交通枢纽等级指标评估城市轨道交通车站与城市客运枢纽体系的耦合度。

（3）相交城市轨道交通线路数量。车站相交城市轨道交通线路数量越多，车站辐射吸引客流方向越多，客流吸引能力越强。相交轨道交通线路数量指标评估车站在城市轨道交通物理网络中的重要程度。

（4）车站日均进出站量。进出站客流量是车站现状客流聚集能力的直观呈现。大客流车站可以最大限度地聚集人气，从而在车站周边聚集商业与产业。由此，周边区域车站日均进出站量指标评估车站现状客流集聚能力、车站在城市轨道交通客运服务中的重要程度。

（5）45 分钟就业机会可达性。就业机会选择的多样性对居民获得感、幸福感具有重要影响。纽约、伦敦、首尔等城市新一轮交通发展规划将提高居民就业机会可达性作为交通战略发展关键目标之一。提高贫困人口的就业机会可达性也是站城一体包容性、公平性的体现之一。45分钟就业机会可达性指标评估以车站为起讫点,利用公共交通一定时间可达范围内的就业资源配置级别。

综上,站城一体潜力评估指标体系以车站建设时序、衔接城市客运交通枢纽等级、相交城市轨道交通线路数量、车站进出站客流、45分钟就业机会可达性合评估车站的服务带动能力,确定车站的辐射能级,评估框架见表5-2。

交通能级维度评估框架　　　　　　　　　　　　　　　表5-2

指标	定性定量	指标计算/衡量方法
车站建设时序	定性	车站建设状态,已建成运营车站、在建车站、已批未建车站
衔接城市客运交通枢纽等级	定量	车站衔接城市客运枢纽的等级,枢纽等级划分参照《城市客运交通枢纽设计标准》(GB/T 51402—2021)
相交城市轨道交通线路数量	定量	车站可乘坐的城市轨道交通线路数量
车站日均进出站量	定量	车站正常运营的一定周期内日进进出站客流数量
45分钟就业机会可达性	定量	以车站为起讫点,公共交通45分钟等时圈内覆盖的就业岗位规模

3)服务配套

站城一体强调以车站为核心,一定范围内进行适当高强度紧凑的开发,围绕车站形成紧凑社区,这就要求车站周边区域的基础设施承载力与开发建设活动相匹配,才能实现车站周边宜居包容、步行友好的目标。站城一体潜力评估体系聚焦车站周边服务配套设施本底,具体指标包括:

(1)土地利用多样性。当某个区域提供了多样化的土地利用,比如住宅、办公、零食、商业等功能混合在一起,那么区域内的常住人口或就业人口的日常活动可以集中在本区域内解决,很多出行就缩短成步行距离或骑行距离,最大限度地减少了到达某个目的地所需的时间和精力,并最大限度地发挥互动的潜力。在减少出行需求的同时,增加了区域内部的街道活力,亦鼓励了步行和自行车出行,从而让公交系统更有效率地运营。土地利用多样性指标评估车站周边区域现状用地功能的丰富程度。

(2)道路网密度。《交通强国建设纲要》强调"完善快速路、主次干路、支路级配和结构合理的城市道路网,打通道路微循环,提高道路通达性。"可见道路作为交通基础设施的重要性。此外,站城一体设计原则之一为创造密集的道路网络。小尺度的细密街区道路网,增加了区域内部点与点之间的通达路径,对步行、自行车出行友好,提高了内部交通效率。站城一体潜力评估体系以道路网密度指标评估车站周边区域交通基础设施本底条件。

(3) 公交换乘便捷性。以公共交通车站为核心的一体化交通系统,为区域内居民提供多样化的出行选择,保证其安全、方便、舒适地出行是站城一体提高公共交通出行使用率的关键点。作为城市轨道交通的补充,地面公交区域内交通系统的重要一环,地面公交应与轨道交通车站的高效一体化,为乘客创造无缝换乘体验。公交换乘便捷性指车站出入口150m范围内可换乘的公交线路数量,站城一体潜力评估指标体系以公交换乘便捷性评估车站周边现有交通方式的一体化程度。

(4) 步行10分钟可达性。站城一体提倡步行友好,作为最自然、最经济、最健康和最干净的短途出行模式,步行有助于提高居民的健康状态。行人友好环境亦有助于提高车站区域人气活力。

(5) 公共服务设施覆盖率。在居民步行覆盖范围内创造绿地、公园、运动场等休闲设施,咖啡厅、便利店等生活服务设施,幼儿园、小学、医院等教育医疗设施,居民无须驾车就可以方便地获得零售、商业和娱乐服务,可促进站城一体区域内的健康社区。站城一体潜力评估指标体系以公共服务设施覆盖率评估车站周边现有服务设施本底。

综上,站城一体潜力评估指标体系以土地利用多样性、道路网密度、步行10分钟可达性、公交换乘便捷性等综合评估车站周边现有交通基础设施、公共服务交通设施等的本底条件,诊断区域现有服务配套设施的承载力,评估框架见表5-3。

服务配套维度评估框架　　　　表5-3

指标	定性定量	指标计算方法
土地利用多样性	定量	车站800m范围内的包含的多功能用地(混合用地)、居住用地、公共管理与服务用地、商业服务业设施用地、绿地与广场用地、新型产业用地等用地功能的类型(每类用地面积比例不低于5%)
道路网密度	定量	车站800m范围内的道路总里程与该区域面积比值
步行10分钟可达性	定量	以车站为起点,步行路径规划10分钟可达区域面积占800m基地面积的比例
公交换乘便捷性	定量	车站所有出入口150m范围内可换乘的公交线路数量
公共服务设施覆盖率	定量	车站800m范围内教育设施、医疗设施、金融设施、体育休闲、公园设施、文娱设施、生活服务设施等的数量

4）市场潜力

站城一体区域内采取高质量的商业模式配合优质的交通方式来开发车站周边土地，高密度开发住宅、商业、办公用地。车站所在区域的经济发展潜力和房地产市场潜力影响站城一体开发物业的市场租售表现，物业租售表现好，才能让开发企业和轨道交通实现双赢，才能带动车站周边社会效率和经济效益。站城一体潜力评估指标体系聚焦车站周边区域的市场表现，具体指标包括：

（1）常住人口密度。常住人口向站点周边集聚是站城一体目标导向之一，有了人类活动，才会吸引提供各种服务和设施的商户。人口在站点周边集聚有利于提高轨道交通通勤服务覆盖比例，提升轨道客流效益，同时也为周边社区营造提升人气。常住人口密度评估指标诊断站点周边常住人口集聚程度。

（2）就业岗位密度。就业岗位向站点周边集聚亦是站城一体目标导向之一，通勤人口是轨道客流的重要来源。以就业岗位密度为评估指标，诊断站点周边岗位集聚程度。

（3）未开发建设用地或纳入城市更新单元建设用地比例。站城一体开发的重要前提之一为车站周边有地块可开发，车站周边未开发建设用地或纳入城市更新单元建设用地的比例对车站周边开发建设有重要影响，该指标可评估车站周边现状建成条件下的土地开发潜力。

（4）房地产活力。车站周边高密度开发住宅、商业及办公物业后，并不代表站城一体开发的成功，物业建成并成功出售，激活周边区域人流活力并带动社会经济效益的发展才是关键，故车站周边的房地产活力也是站城一体开发的重要影响因素。

综上，站城一体潜力评估指标体系以常住人口密度、就业岗位密度、未开发建设用地或纳入城市更新单元建设用地比例、房地产活力评估车站周边区域的市场潜力，评估框架见表5-4。

市场潜力维度评估框架 表5-4

指标	定性定量	描述计算方法
常住人口密度	定量	车站800m半径范围内常住人口密度
就业岗位密度	定量	车站800m半径范围内就业岗位密度
未开发建设用地或纳入城市更新单元建设用地比例	定量	备注：未开发建设用地指已批未建白地或未批未建用地；纳入城市更新单元建设用地指在已批复城市更新计划中的建设用地
房地产活力	定量	车站周边800m范围一定周期内房地产销供比

5）政策激励

站城一体的成功实施离不开政府支持，激励政策是政府支持的重要表征。站城一体开发的本质是以轨道交通车站为核心的高密度紧凑商务、商业、住宅等混合功能的土地利用开发，土地开发强度及开发后的物业经营是开发者关注的重点。站城一体潜力评估指标体系聚焦站城一体开发政策支持，具体指标包括：

（1）容积率奖励政策。容积率是站城一体项目中直接影响投资回报的重要因素。在国际经验中，提高容积率也是对站城一体项目投资主体最常用的激励手段。近年来，我国很多城市都在积极探索与容积率相关激励政策。政府通过容积率奖励的方式可以有效平衡市场投资主体在开发建设中对公共利益部分的投入。容积率激励的方式主要有4个方面：一是容积率奖励；二是容积率转移；三是设定容积率的上限管控；四是公共项目的不计容鼓励。

（2）财政支持政策。在站城一体项目中，如果市场激励机制不够充分，就可能导致社会资本没有参与的积极性或市场化运作模式难以为继等问题。例如，依据物权法规定，资产重整的许多行为须以不动产交易方式完成。交易势必会产生契税、土地增值税、个人所得税等大量易税费。因此，站城一体实施中政府还需要提供一定的财政支持政策。此类激励手段包括为站城一体项目提供政策性贷款、地价征收费用分期缴纳、税收减免等。

综上，站城一体潜力评估指标体系以容积率激励政策和财政支持政策，评估车站周边区域开发的政策支持力度，评估框架见表5-5。

政策激励维度评估框架　　　　　　　　　表5-5

指标	定性定量	描述计算方法
容积率奖励	定性	车站所在区域站城一体项目是否存在容积率奖励、容积率转移、调整容积率的上限管控、公共项目的不计容鼓励等容积率相关政策
财政支持政策	定性	车站所在区域是否为站城一体项目提供政策性贷款、地价征收费用分期缴纳、税收减免等财政支持政策

5.3　站城一体规划设计评估指标体系

5.3.1　站城一体规划设计评估体系框架

站城一体规划设计评估体系是指导站城一体项目规划设计的重要技术工具。在框架体系构架方面,站城一体规划设设计评估指标体系旨在服务站城一体实施前方案设计,服务对象面向转化规划师、设计师、开发商和投资方。总体框架包括紧凑开发、混合功能、交通接驳及公共空间4个维度。其中,紧凑开发维度聚焦站城一体设计的"密度""紧凑"原则,混合功能维度关注站城一体设计的"多样性"原则,交通接驳维度对应站城一体精细设计的公共交通系统,公共空间维度强调车站周边区域城市空间氛围、形象塑造。车站站城一体规划设计评估指标体系框架如图5-3所示。

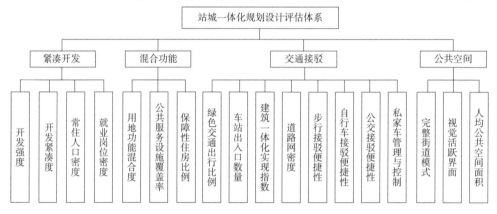

图5-3 站城一体规划设计评估指标体系框架

5.3.2 站城一体规划设计评估指标体系构成

站城一体规划设计评估指标体系按照框架结构设计形成了3个层级,将评估站城一体规划设计方案的18个三级指标进一步归类构建形成紧凑开发、混合功能、交通接驳及公共空间4个维度的二级指标,并由二级指标计算得到最终的站城一体规划设计方案评价结果。

1)紧凑开发

1997年Cervero提出了关于"站城一体"的"3D"原则之一为"密度(Density)",即站城一体提倡车站区域高密度发展。但是,紧凑型区域在高密度开发之外,各开发需与公共交通体系整合,即以轨道交通车站为核心,从内到外开发强度逐渐降低。站城一体规划设计方案评估指标体系聚焦站城一体开发高密度、紧凑原则,具体指标包括:

(1)开发强度。站城一体设计原则之一即为高密度。密集型的城市发区必须垂直,而不是水平地扩张,世界上许多最出名、最理想的社区都表明:高密度的生活是非常有吸引力的。站城一体规划设计方案评估指标体系为开发强度为评估指标之一,评判开发规划设计方案是否满足高密度的设计原则。

(2)开发紧凑度。城市密集发展的基本组织原则是紧密型的发展。车站区域站城一体开发就是要建成一个紧凑的地区,以公共交通车站为核心,开发强度从内至外逐渐降低,各种功能的地块方便地靠近在一起,最大限度地发挥区域内互动的潜力。站城一体规划设计方案评估指标体系以开发紧凑度为评估指标,评判开发规划设计方案是否满足紧凑的设计原则。

(3)常住人口密度。站城一体模式要求满足居住及非居住的高密度。居住密度即常住人口密度,有了高密度人口,才会吸引提供各种服务和设施的商户,这又促进了本地经济的蓬勃发展。站城一体规划设计方案评估指标体系以开发紧凑度为评估指标之一,评判开发规划设计方案是否满足高密度的设计原则。

(4)就业岗位密度。非居住密度即就业岗位密度,同上文,就业岗位密度亦可作为评判开发规划设计方案是否满足高密度的设计原则的评估指标之一。

站城一体规划设计评估指标体系紧凑开发维度评估框架见表5-6。

紧凑开发维度评估框架 表5-6

指标	定性定量	指标计算方法
开发强度	定量	车站800m范围规划建筑面积/800m基底面积
开发紧凑度	定量	车站300m范围内规划平均开发强度/车站300~800m范围规划平均开发强度
常住人口密度	定量	规划常住人口数量/车站800m基底的面积
就业岗位密度	定量	规划就业岗位数量/车站800m基底的面积

2)混合功能

站城一体开发"3D"原则之一"多样性(Diversity)"强调土地利用功能的多元性,多元居住,满足区域多样化需求。站城一体规划设计方案评估指标体系聚焦站城一体开发多样性、混合原则,具体指标包括:

(1)用地功能混合度。当区域提供了一种用地的平衡,比如住宅、办公、零食、商业等功能混合在一起,那么区域内的常住人口或就业人口的日常活动可以集中在本区域内解决,在减少出行需求的同时,增加了区域内部的街道活力,亦鼓励了步行和自行车出行,从而让公交系统更有效率地运营。用地功能混合度指不同类型功能的用地面积的混合熵,站城一体规划设计方案评估指标体系以用地功能混合度评估车站周边区域规划用地功能是否达到平衡。

(2)公共服务设施覆盖率。在步行可达范围内布置公园、运动场等休闲设施、咖啡厅、便利店等生活服务设施,幼儿园、小学、医院等教育医疗设施,居民步行、骑行就可以获得零售、商业和娱乐服务,促进宜居社区构建。站城一体规划设计评估指标体系以公共服务设施覆盖率评估车站周边规划公共服务设施供给品质。

(3)保障性住房比例。为保障低收入群体享受城市公共交通、教育医疗等其他公共服务设施资源的公平性,轨道车站周边应提供一定比例的保障性住房。站城一体规划设计评估指标体系以保障性住房比例评估车站周边规划保障性住房供给是否满足混合居住的设计原则。

站城一体规划设计评估指标体系混合功能维度评估框架见表5-7。

混合功能维度评估框架 表5-7

指　标	定性定量	指标计算方法
用地功能混合度	定量	车站800m范围规划居住用地、商务办公用地、商业用地、公共管理与服务用地、交通用地、休闲娱乐用地6类用地混合熵
公共服务设施覆盖率	定量	车站800m范围规划教育设施、医疗设施、金融设施、体育休闲、公园设施、文娱设施、生活服务设施等的数量
保障性住房比例	定量	车站800m范围内规划建设保障性住房套数/800m范围住房总套数

3)交通接驳

车站周边区域的高密度开发需要与之协调的公共交通能力和路网特性,才能保证在站城一体区域内形成以公共交通和慢行交通为主的出行模式。站城一体规划设计评估指标体系聚焦规划设计方案的交通基础设施服务,具体指标包括:

(1)绿色交通出行比例。站城一体原则之一是发展优质、可达的公共交通系统,开发建设鼓励步行和骑行的社区,车站周边区域内绿色交通出行比例是上述原则的结果体现。站城一体规划设计评估指标体系以绿色交通出行比例评估站城一体规划设计交通出行结构转化目标。

(2)车站出入口数量。出入口数量越多,与周边功能衔接越好,步行服务范围越大。东京新宿站有超过200个出入口,香港地铁站出入口数量较多,超过40%的车站出入口数量不低于6个。

(3)建筑一体化实现指数。住房和城乡建设部(以下简称住建部)《城市轨道沿线地区规划设计导则》提出"轨道车站出入口应与周边建筑紧密衔接"。建筑一体化实现指数是指与周边物业直接连通的出入口占出入口总数量的比例。

(4)道路网密度。站城一体开发区域街区尺度应尽可能最小化,以避免不适当的超级街区出现。这类大街区往往会阻碍步行,并增加乘客对于两点位置之间距离的感知。站城一体规划设计评估指标体系以道路网密度指标评估车站周边街区尺度。

(5)步行接驳便捷性。站城一体开发提倡慢行,作为最自然、最经济、最健康和最干净的短途出行模式,步行有助于提高居民的健康状态。但是,相较于机动化出行方式,步行十分消耗体力,因此对环境非常敏感。为了让步行真正"流行",需要有3个基本目标:安全、有活力和舒适。

(6)自行车接驳便捷性。自行车是一种零排放、健康、低成本的出行方式。它极为方便、效率高,消耗的空间与资源少,同时有很强的灵活性,骑行的路线和时间表都很灵活。但自行车出行仍然是道路上的弱势一方,需要保证自行车道路网络的安全与完整,并为车辆停靠与存放提供充足和安全的空间。

(7)公交接驳便捷性。作为轨道交通的补充,地面公交可进一步扩大轨道交通的辐射范围,轨道交通与地面公交之间的无缝换乘衔接,是构建车站区域高效一体化出行方式的关键。

(8)私家车管理与控制。站城一体提倡绿色出行,减少私家车的使用,通过停车位折减,在停车环节实现对私家车使用的引导控制。

站城一体规划设计评估指标体系交通接驳维度评估框架见表5-8。

交通接驳维度评估框架 表5-8

指　　标	定性定量	指标计算方法
绿色交通出行比例	定量	规划预测车站周边800m范围内绿色交通(轨道、公交、步行、骑行)出行比例
车站出入口数量	定量	规划方案中车站可供乘客进出时使用的出入口数量
建筑一体化实现指数	定量	规划设计车站出入口与建筑直接连通的数量占出入口总数量的比例
道路网密度	定量	规划设计车站800m范围内覆盖的道路长度/基底面积
步行接驳便捷性	定量	规划设计车站800m范围内的人行道宽度、人行过街设施平均间距、人行道遮阳挡雨设施、引导标识、无障碍设施综合评价结果
自行车接驳便捷性	定量	规划设计车站800m范围内非机动车道宽度、非机动车停车设施数量、距离车站出入口距离、连续性、过街便捷性综合评价结果
公交接驳便捷性	定量	规划设计车站出入口150m服务范围内可换乘公交车站数量、公交线路数量、最近公交车站距离综合评价结果
私家车管理与控制	定量	车站800m区域建筑物停车配建标准折减比例

4）公共空间

站城一体打造高品质城市空间,再造片区新形象,提升片区新价值。站城一体规划设计评估指标体系聚焦开发区域空间品质,具体指标包括:

(1)完整街道模式。指一种交通政策和设计方法,对街道进行合理的规划、设计,提供公平路权分配,确保所有使用者包括行人、骑行者、汽车驾驶者及轨道交通乘客,都能安全使用街道。倡导街道功能的完整,包括街道的交通功能、生活功能、景观功能和休闲游憩等功能。

(2)视觉活跃界面。街道底层建筑使用视觉通透材料,沿街形成视觉活跃界面,改善建筑私人空间与公共空间之间的过渡,是促使建筑地面层与街道及周围的公共空间进行有效互动,提高地面层场所的利用率和地面活力的关键。

(3)人均公共空间面积。公共空间为居民提供自然光、新鲜空气、公园、休闲广场、历史和文化资源,能推进丰富多彩的社交活动,为居民营造活力、舒适氛围,是改善高密度发展下生活质量的重要因素。

站城一体规划设计评估体系公共空间维度评估框架见表5-9。

公共空间维度评估框架 表5-9

指标	定性定量	指标计算方法
完整街道模式	定量	车站800m区域道路采用完整街道设计模式的道路比例
视觉活跃界面	定量	规划方案中,紧靠人行道或者公共空间的底层建筑,其立面使用全透明/半透明窗户或其他具有视觉穿透性材质的界面比例
人均公共空间面积	定量	规划方案人均广场、绿地等公共空间的面积

5.4 站城一体实施后评估指标体系

5.4.1 站城一体实施后评估指标体系框架

站城一体实施后评估指标体系旨在提供衡量站城一体项目整体绩效的方式,帮助利益相关者持续收到已完成项目的成果反馈,评估项目实现了何种程度的预期目标。在框架体系方面,站城一体实施后评估指标体系包括反馈规划设计内容实现程度的紧凑开发、混合功能、交通接驳及公共空间4个维度,以及反馈实施绩效的运营效果维度。站城一体实施后评估指标体系框架如图5-4所示。

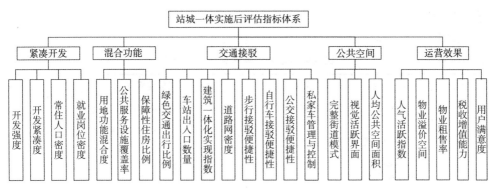

图 5-4 轨道车站站城一体实施后评估指标体系框架

5.4.2 站城一体实施后评估指标体系构成

站城一体实施后评估紧凑开发、混合功能、交通接驳及公共空间 4 个维度指标内容与站城一体规划设计评估体系指标一致，此处不再赘述，站城一体实施后评估以上 4 个维度指标计算为实际实现数据。如高效集聚维度，开发强度计算方法为车站周边 800m 范围内实际建筑面积与基底面积的比值。除以上 4 个维度外，站城一体实施后评估还关注站城一体实施后带动周边区域人气、经济效益的发展，以及使用者满意度等运营效果，具体指标包括：

（1）人气活跃指数。站城一体开发模式的结果之一是围绕车站构建人口稠密的街道，车站周边区域充满活力。人气活跃指数指车站周边 800m 区域内到访总人数，站城一体实施后评估指标体系以人气活跃指数为评估指标，评估站城一体开发后车站周边区域人气活力营造结果。

（2）物业溢价空间。站城一体开发目标之一为带动区域经济效益发展，房地产市场是经济发展的重要体现，即房地产价值增值溢价可作为站城一体开发经济效益的评估指标之一。

（3）物业租售率。住宅、商业、商务等物业建成并成功对外租售才能在车站周边聚集人气，从而激活区域经济发展。物业租售率直接影响区域经济效益。

（4）税收增值能力。税收可直接体现区域经济被激活并发展的结果。站城一体开发后税收较站城一体前税收增长幅度体现站城一体对区域经济发展的促进程度。

（5）用户满意度。站城一体开发增加车站区域内社区设施、便利设施和教育设施的数量，重新设计街景、公共空间和建筑立面等，都是为了给区域内用户营造宜居宜业氛围。站城一体实施后评估用户满意度指标评估公众对站城一体区域的感受和看法。

综上,站城一体实施后评估指标体系框架见表5-10。

轨道车站站城一体实施后评估框架　　　　表5-10

维度	指标	定性定量	指标计算方法
紧凑开发	开发强度	定量	车站800m范围规划建筑面积/800m基底面积
	开发紧凑度	定量	车站300m范围内规划平均开发强度/车站300～800m范围规划平均开发强度
	常住人口密度	定量	规划常住人口数量/车站800m基底的面积
	就业岗位密度	定量	规划就业岗位数量/车站800m基底的面积
混合功能	用地功能混合度	定量	车站800m范围规划居住用地、商务办公用地、商业用地、公共管理与服务用地、交通用地、休闲娱乐用地6类用地混合熵
	公共服务设施覆盖率	定量	车站800m范围规划教育设施、医疗设施、金融设施、体育休闲、公园设施、文娱设施、生活服务设施等的数量
	保障性住房比例	定量	车站800m范围内规划建设保障性住房套数/800m范围住房总套数
交通接驳	绿色交通出行比例	定量	规划预测车站周边800m范围内绿色交通(轨道、公交、步行、骑行)出行比例
	车站出入口数量	定量	规划方案中车站可供乘客进出时使用的出入口数量
	建筑一体化实现指数	定量	规划设计车站出入口与建筑直接连通的数量占出入口总数量的比例
	道路网密度	定量	规划设计车站800m范围内覆盖的道路长度/基底面积
	步行接驳便捷性	定量	规划设计车站800m范围内的人行道宽度、人行过街设施平均间距、人行道遮阳挡雨设施、引导标识、无障碍设施综合评价结果
	自行车接驳便捷性	定量	规划设计车站800m范围内非机动车道宽度、非机动车停车设施数量、距离车站出入口距离、连续性、过街便捷性综合评价结果
	公交接驳便捷性	定量	规划设计车站出入口150m服务范围内可换乘公交车站数量、公交线路数量、最近公交车站距离综合评价结果
	私家车管理与控制	定量	车站800m区域建筑物停车配建标准折减比例

第5章 城市轨道交通站城一体评估指标体系

续上表

维度	指标	定性定量	指标计算方法
公共空间	完整街道模式	定量	车站800m区域道路采用完整街道设计模式的道路比例
	视觉活跃界面	定量	规划方案中,紧靠人行道或者公共空间的底层建筑,其立面使用全透明/半透明窗户或其他具有视觉穿透性材质的界面比例
	人均公共空间面积	定量	规划方案人均广场、绿地等公共空间的面积
运营效果	人气活跃度	定量	车站80m范围内全天人群访问总量
	物业溢价空间	定量	车站800m范围内物业价值增长幅度/同区域内同类型物业平均增长幅度
	物业租售率	定量	车站800m范围内已租售物业面积/总租售物业面积
	税收增值能力	定量	车站周边800m范围内实现的税收总额/站城一体开发实施前的税收总额
	用户满意度	定性	车站800m范围内居民、就业人员、物业持有者等用户对车站周边提供的功能服务、交通设施、公共空间等的满意度评估和调查结果

5.5 典型城市轨道交通站城一体发展评估

以北京市为例,基于站城一体发展评估指标体系,评估其站城一体发展现状。

5.5.1 评估背景

在轨道交通建设由追求规模向注重质量和效益转变的背景下,北京市政府印发了《关于加强轨道交通场站与周边用地一体化规划建设的意见》,提出在轨道交通车站周边打造微中心。2020年北京市人民政府办公厅批复了71个微中心车站。近年来,北京开展了较多站城一体理念探索和实践工作,取得了一定的成果,但是定量的、可观的评估实证工作较为欠缺。通过指标体系建构,充分利用人工智能与大数据分析手段,对北京市站城一体发展现状进行监测与评价,是推动北京市轨道交通站城一体发展的重要抓手。轨道车站站城一体发展状态评估希望助力实现北京市轨道交通微中心的良好健康发展,体现北京微中心发展特色,实现轨道带动城市用地精明增长,促进城市更新,实现人居乐业的目标。

评估坚持目标导向实操导向以及多元导向。坚持目标导向,评估内容由侧重单一的"结果评判"转向关注多元的"过程检测",指标体系的提出要充分考虑北京市轨道交通站城一体发展特征。坚持实操导向,评估指标定量与定性相结合,指标具有可获取性、可比性、特色性以及可持续性。坚持多元导向,评估数据多元化。

5.5.2 评估指标体系

基于站城一体实施后评估指标体系,考虑到部分定性指标数据获取的难度,北京市站城一体评估以多源大数据为基础,兼顾指标的可测算性,评估指标体系见表5-11。

北京城市轨道站城一体发展现状评估体系　　　　　表5-11

一级指标	二级指标	指标解释	指标计算公式
紧凑开发	人口密度	衡量站点周围人口聚集程度	站点800m常住人口数量/站点800m基底面积
	岗位密度	衡量站点周围岗位聚集程度	站点800m岗位数量/站点800m基底面积
	开发强度	衡量站点周边用地使用强度情况	站点800m建筑面积/站点800m基底面积
	开发紧凑度	衡量站点周边开发强度梯度	站点300m服务区平均容积率/站点300~800m服务区平均容积率
混合功能	用地功能混合度	衡量轨道交通站点周边功能多样性	$-\sum(P_i)(\ln P_i)/\ln 6$,其中$P_i$为站点800m居住用地面积、商务办公、商业用地面积、公共管理与服务、交通用地面积、休闲娱乐用地面积分别占6类用地面积的比例
	公共服务设施覆盖率	衡量轨道交通站点各种公共服务设施的覆盖情况	800m范围内所有的教育设施、医疗设施、金融设施、体育设施、公园设施、文娱设施是否被覆盖
交通接驳	车站进出站客流量	衡量站点使用情况	站点全日进出站客流总量
	轨道交通出行率	衡量站点使用比例	站点800m范围内居民轨道站点800m服务区内使用轨道交通出行的比例

续上表

一级指标	二级指标	指标解释	指标计算公式
交通接驳	车站出入口数量	衡量站点连通程度	车站的出入口个数
	建筑一体化实现指数	衡量站点与周边建筑连通程度	轨道交通站点出入口与周边建筑物直接连通情况
	步行10分钟可达性	衡量站点周围功能分布情况	站点步行10分钟覆盖范围内的居住、岗位、公共服务设施数量
	公交换乘便捷性	衡量站点接驳公交便捷程度	车站各出入口150m范围内公交车站数量总和
	自行车换乘便捷性	衡量站点换乘自行车便捷程度	车站150m范围内自行车停车场数量及停放负荷度
	路网密度综合指数	衡量站点周围路网连接情况	轨道站点800m半径范围所覆盖的道路长度/用地面积(通过构建路网密度指数模型,体现出快速路对车站的消极影响,以及主干路、次干路、支路的积极影响)
运营效果	人气活跃指数	衡量站点对人口的吸引强度	站点周围800m范围内每2h人口变化情况
	沿街商铺密度	衡量站点对商业的吸引强度	站点800m道路中心线25m沿街商铺POI(零售、餐饮、生活服务)/站点800m路网长度
	物业溢价空间(商业、办公、居住)	衡量站点对周边商业价值的提升情况	站点800m范围内商业租赁均值/站点800~1500m范围内商业租赁均值

5.5.3 北京市轨道交通站城一体发展评估结果

考虑2020年新冠肺炎疫情对公共交通系统客流的影响,本次评估以截至2019年底,北京市开通运营的轨道交通车站为研究对象,包括340座车站(换乘站视为一座车站),分属23条线路。

考虑各评价指标的量纲不同,将指标计算结果进行归一化处理,并结合归一化后指标取值的分布,将车站分为A、B、C、D、E五类,A~E类指标值递减。A级表示车站该项指标评价结果最好,E级表示车站该项指标评价结果最有待改善。

1) 紧凑开发评价结果

(1) 人口密度。

北京市轨道交通车站800m范围覆盖人口达800万人,占全市的37%。北京市轨道交通车站人口密度评价结果如图5-5所示,人口密度高的车站聚集在四环以内,全市所有车站的人口平均密度(800m)为1.46万人/km²;四环内(146座车站)车站周边人口密度平均值2.06万人/km²,高于全市平均;四环外人口密度为1.0万人/km²,低于全市平均。人口密度最高的车站为达官营站,高达4.2万人/km²。外围新城的大型居住区,如昌平区(回龙观等)、通州区(通州北苑)、大兴区(黄村西大街)等,部分车站人口密度较高,以回龙观站为例,800m范围内人口密度高达3.4万人/km²,排名全市第5名。

图5-5　北京市轨道交通车站人口密度评价结果

(2) 岗位密度。

轨道交通车站800m范围覆盖岗位590万个,占全市的47%。北京市轨道交通车站岗位密度评价结果如图5-6所示,80%的工作岗位位于两广路以北,中心城区岗位主要聚集在中关村、金融街、CBD、王府井四大片区。外围新城和边缘组团的部分车站覆盖岗位密度较高,望京站岗位密度2.7万个/km²,排名全市第30名;

丰台科技园站岗位密度2.7万个/km²,排名全市第31名;西二旗站紧邻中关村软件园,岗位密度2.3万个/km²,排名全市第45名。

图5-6 北京市轨道交通车站岗位密度评价结果

(3)开发强度。

北京市轨道交通车站开发强度评价结果如图5-7所示。开发强度呈现"北强南弱"格局,长安街以北车站周边平均开发强度是南部车站的1.4倍,开发强度A级的车站中72.1%(31个)都位于北部。总体开发强度与北京市北强南弱的传统格局高度一致。中心城受限于旧城保护、建筑限高的要求,总体上开发强度低于外围新建轨道交通线。外围线路对城市的带动作用已显端倪,大兴线(2010年底开通)沿线伴随线路的建设和开通,极大带动了大兴区沿线城市建设的进度。

(4)开发紧凑度。

在离轨道交通车站最近的地方进行高强度的开发,才能高效利用公共交通资源。如图5-8所示,北京市轨道交通车站中高紧凑度开发的车站分布于全市不同环路区位、不同轨道交通线路,整体布局较为分散;在北四环与北五环之间,4号线多站(北大东门—北宫门)、15号线多站(清华东路西口—大屯路东)都呈现高紧凑度开发。

图 5-7 北京市轨道交通车站开发强度评价结果

图 5-8 北京市轨道交通车站开发紧凑度评价结果

轨道交通廊道车站多数没有呈现"明显的紧凑"。东京涩谷站可以通过天际线找到车站位置,而北京似乎还没有看到这样明显的特征,如图5-9所示。

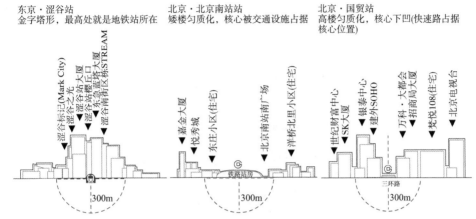

图5-9 东京涩谷站与北京南站站、国贸站对比

2)混合功能评价结果

(1)用地功能混合度。

单一的用地功能仅满足单一的功能需要。以北京地铁回龙观站为例,居住功能的完全主导只能满足通勤人群的居住需求,缺乏生活性服务业、文化娱乐等多种功能和公共设施,居民生活幸福感较低。用地越混合、越复杂,代表车站周边功能越充足,符合站城一体发展要求,相应评价水平越高。北京市轨道交通车站用地功能混合度评价结果如图5-10所示,中心城用地功能混合点集中于中关村、金融街、王府井三大核心功能区,部分外围新城组团核心车站用地功能混合度较高,如顺义区内地铁顺义站、大兴区内西红门站。车站周边功能混合可以围绕车站及沿线产生不同时间、不同目的的出行需求,形成廊道上的职住平衡,避免潮汐性、高峰性,使得轨道交通"时时刻刻有人坐"。亦庄线车站周边的用地功能混合度高(平均0.45),高峰期间有双向客流。以早高峰小时各区间车内人数为例,亦庄线早高峰双方向客流则较为接近。作为对比,房山线车站周边用地功能混合度低(平均0.31),早高峰进城方向客流远高于出城方向,具有明显的潮汐性,如图5-11所示。

(2)公共服务设施覆盖率。

北京市轨道交通车站公共服务设施覆盖率评价结果如图5-12所示,东部聚集连片,北部集中于中关村区域,西部仅集中于西二环沿线,南部整体匮乏。国贸、大望路、永安里、金台夕照等车站周边公共服务设施数量多,而城市外围地区崔各庄、北安河、四道桥等车站周边公共服务设施匮乏。

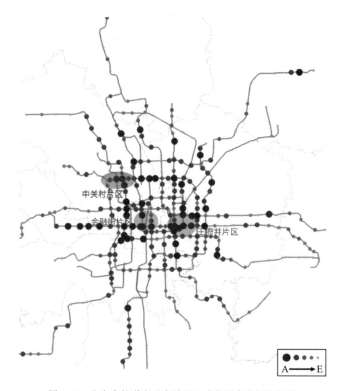

图 5-10 北京市轨道交通车站用地功能混合度评价结果

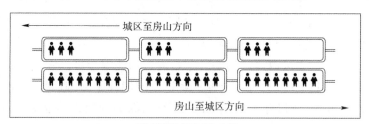

a) 房山线早高峰车内人数

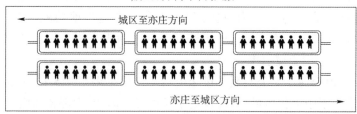

b) 亦庄线早高峰车内人数

图 5-11 房山线、亦庄线早高峰客流对比示意图

第5章 城市轨道交通站城一体评估指标体系

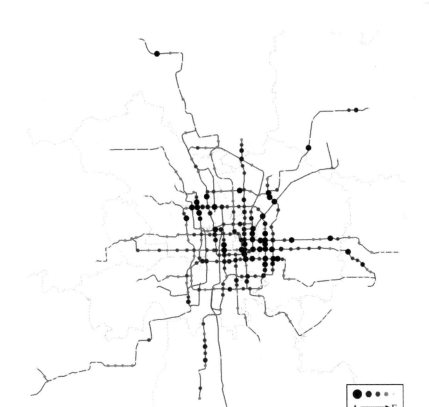

图5-12 北京市轨道交通车站公共服务设施覆盖率评价结果

3) 交通接驳评价结果

(1) 车站进出站客流量。

北京市轨道交通车站进出站客流量评价结果如图5-13所示,呈现"北高南低"特征,长安街以北193座车站全日平均进出站量为4.6万人次,高于全市车站平均值3.8万人次,远高于长安街以南147座车站的2.9万人次。排名前10的车站中有5座车站为城市交通枢纽车站,包括北京南站、北京西站、西直门(北京北站)、东直门站(机场快轨及公交枢纽)、北京站。

(2) 轨道交通出行率。

北京市轨道交通车站轨道交通出行率评价结果如图5-14所示,整体呈现外高内低的特点。由于北京四环以外区域房租相对较低,紧邻轨道交通车站周边的房源是大部分通勤者的居住选择,而这部分乘客通勤距离长、拥车比例低,因此,使用轨道交通出行的比例高,由此也造成外围车站周边轨道交通使用率较高。

图 5-13　北京市轨道交通车站进出站客流量评价结果

图 5-14　北京市轨道交通车站轨道交通出行率评价结果

(3) 车站出入口数量。

北京市轨道交通车站出入口数量整体略少。通过统计,目前开通运营的300多座车站,平均每座车站的出入口仅有4个,深圳为4.5个,香港为6个。北京市轨道交通车站出入口数量评价结果如图5-15所示,出入口数量前10的车站均为换乘站;62座换乘车站站均出入口数量为5.9个,接近香港平均水平;而74%的换乘站出入口数量大于4。地面车站或高架车站出入口相对较少,北京有54座车站仅有2个出入口,而这其中占比52%的车站(28座)为地面站或高架站。

图5-15 北京市轨道交通车站出入口数量评价结果

部分轨道交通车站出入口位置不尽合理。大望路站C口北侧为建国路、南侧为建国路辅路;可见C出入口南北两侧均为机动车道,乘客进出站只能横跨机动车道,难以保证安全。公主坟站4个出入口均位于复兴路和西三环中路的新兴桥立交桥区内,乘客进出站距离较远,并且需要跨越机动车道,车站使用十分不便。

部分车站增设出入口后,对周边的服务覆盖将有所提升。金安桥站北侧居住片区是车站主要客流来源方向,但车站4个出入口均位于阜石路与北辛安路交叉口的东南角,与主要客流来源方向相悖,乘客进出站需穿越金顶南路、金顶西街,加剧了道路拥堵和乘客进出站不便的问题。

(4)建筑一体化实现指数。

北京市轨道交通车站建筑一体化实现指数评价结果如图5-16所示,车站出入口与周边建筑一体化连接整体偏低,北京的340座车站(换乘站记为一座车站)中,仅有23座车站的出入口与周边的建筑直接连接,占比为6.8%。枢纽型车站、部分商业区内车站出入口与周边建筑一体化实现程度较高。北京有6座车站出入口与周边建筑是100%连通的,且这6座车站均为枢纽型车站,分别为T2航站楼、T3航站楼、大兴机场、北京南站、北京西站。除枢纽站外,常营站出入口建筑一体化实现指数最高,开放的4个出入口中有3个出入口与周边建筑直接连通。

图5-16 北京市轨道交通车站建筑一体化实现指数评价结果

(5)路网密度综合指数。

北京市轨道交通车站路网密度综合指数评价结果如图5-17所示,整体呈现内高外低的特点,核心区及其他区域车站周边路网密度综合指数均值分别为9.86km/km^2、5.80km/km^2,核心区车站周边路网密度综合指数是其他区域的1.7倍。

图 5-17　北京市轨道交通车站路网密度综合指数评价结果

(6) 步行 10 分钟可达性。

北京市轨道交通车站步行 10 分钟可达性评价结果如图 5-18 所示,车站步行 10 分钟可达范围覆盖人口 503.6 万人,占全市的 24%;车站步行 10 分钟可达范围覆盖岗位 467 万个,占全市的 36%。

核心区内、外围新城部分车站步行可达性更高,核心区、外围新城核心部分车站周边人口、岗位、公共服务设施数量高,步行 10 分钟可达范围高度覆盖周边 800m,可达性指标高;外围区人口、岗位、公共服务设施相对较低,步行可达范围部分覆盖周边 800m,可达性指标低。

提高车站周边开发强度,聚集人口、岗位以及公共服务,可使更多人直接享受轨道交通服务。昌平站、昌平东关站步行可达范围接近,但昌平站开发强度(1.53)远高于昌平东关站(0.52),覆盖人口、岗位、公共服务设施多,步行可达性指标表现优于昌平东关站。

(7) 公交换乘便捷性。

北京市轨道交通车站公交换乘便捷性评价结果如图 5-19 所示。与核心区形成鲜明对比,外围地区换乘公交反而更方便;仍有纪家庙、十三陵景区、阎村东、奥体中心、关庄、双合、紫草坞、丰台站、魏公村、森林公园南门、花庄、亦庄火车站 12

座车站,在车站出入口周边 150m 范围内无公交接驳服务。

图 5-18 北京市轨道交通车站步行 10 分钟可达性评价结果

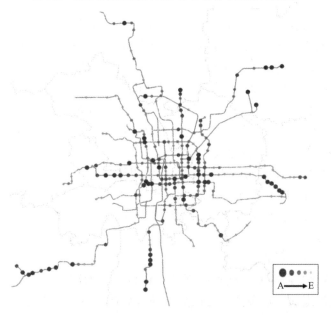

图 5-19 北京市轨道交通车站公交换乘便捷性评价结果

4）经济性评价结果

（1）人气活跃指数。

我们用轨道交通车站800m半径区域内,全天人群访问总量来反映该区域内人气活跃程度,访问量包括从该区域出发的人群以及到达该区域的人群。北京市轨道交通车站12:00—14:00人气活跃指数评价结果如图5-20所示,中关村、国贸CBD、金融街和王府井四大区域活跃度明显,北京西站区域也较为突出。

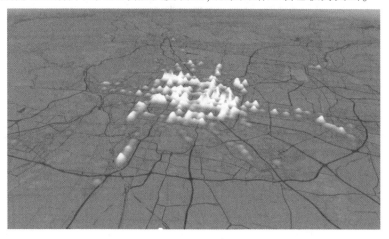

图5-20　北京市轨道交通车站12:00—14:00人气活跃指数评价结果

（2）物业溢价空间。

北京市轨道交通车站物业溢价空间评价结果如图5-21所示,发现核心区房价影响因素太多,无法准确判断轨道交通对物业溢价空间(房价)的影响;外围区轨道交通带动能力相对突出。

5）综合评价结果

北京市轨道交通车站站城一体发展状态综合评价结果如图5-22、表5-12所示。全市站域站城一体发展水平随着城市区位的外移逐渐衰减,相较于核心区,外围区的站城一体的发展普遍较弱。A类车站主要集中在CBD、中关村、王府井片区,共有61个,占比18%。A类车站站域用地功能多样、公服设施数量多、开发强度高、岗位密集、步行可达性高,如海淀黄庄、西单、中关村、朝阳门等站。B类车站主要位于CBD、中关村、王府井等核心功能区的邻近片区以及外围新城、组团核心,共有95个,占比28%。C类车站82个,占比24%;D类车站68个,占比20%。E类车站主要位于城市郊区,为放射线路远端车站,站域开发建设滞后于轨道建设,开发强度低,共34个,占比10%。

图 5-21　北京市轨道交通车站物业溢价空间评价结果

图 5-22　北京市轨道交通车站站城一体发展状态综合评价结果

北京市轨道交通车站站城一体综合评价结果　　　表 5-12

等级	车站
A	海淀黄庄,双井,中关村,金台夕照,崇文门,朝阳门,西单,呼家楼,达官营,安立路,苏州街,湾子,东直门,宋家庄,磁器口,大望路,国贸,西直门,阜成门,东单,东大桥,长椿街,车公庄,望京,宣武门,五道口,广渠门内,菜市口,东四十条,知春路,阜通,灯市口,蒲黄榆,六道口,黄村西大街,白石桥南,南礼士路,灵境胡同,北京西站
B	王府井,角门西,复兴门,新街口,青年路,和平门,劲松,平安里,广渠门外,十里河,车公庄西,永安里,虎坊桥,东四,木樨园,七里庄,九龙山,牡丹园,东湖渠,常营,广安门内,回龙观,积水潭,西土城,方庄,北苑路北,通州北苑,陶然亭,金台路,知春里,枣园,刘家窑,花园桥,北新桥,潘家园,健德门,北京站,和平里北街,传媒大学,和平西街,惠新西街南口,杨庄,角门东,木樨地,十里堡,北京南站,三元桥,惠新西街北口,张自忠路,六里桥东,中国美术馆,古城,梨园,清河站,景泰,建国门,珠市口,大屯路东,军事博物馆,农大南路,人民大学,四惠,立水桥南,回龙观东大街,西局,团结湖,太阳宫,公益西桥,昌平,石榴庄,北京大学东门,望京东,五棵松,草桥,安华桥,鼓楼大街,雍和宫,安贞门,顺义,立水桥,柳芳,生物医药基地,海户屯,大钟寺,白堆子,西四,首经贸,天通苑南,永泰庄,芍药居,桥湾,天通苑,南锣鼓巷,育新,朝阳公园,果园,魏公村
C	高米店北,万寿路,永定门外,马家堡,苹果园,将台,来广营,西红门,霍营,六里桥,平乐园,北沙滩,望京南,长阳,西钓鱼台,亮马桥,慈寿寺,四惠东,西二旗,丰台南路,大红门,沙河,上地,丰台科技园,北土城,草房,石门,北工大西门,长春桥,良乡南关,金安桥,九棵树,海淀五路居,玉泉路,科怡路,清源路,高米店南,八宝山,天桥,公主坟,黄村火车站,动物园,安定门,国家图书馆,什刹海,褡裢坡,清华东路西口,天通苑北,双桥,成寿寺,龙泽,万源街,大郊亭,田村,火器营,光熙门,前门,苏庄,泥洼,平西府,管庄,南楼梓庄,奥林匹克公园,车道沟,百子湾,肖村,新宫,西黄村,西苑,北运河西,安德里北街,巴沟,北海北,大红门南,旧宫,物资学院路,天宫院,北苑,天坛东门,天安门东,西北旺,荣京东街,和义,良乡大学城西,八角游乐园,堡头,星城,莲花桥,荣昌东街,小红门,西小口,马连洼
D	土桥,黄渠,火箭万源,关庄,丰台东大街,望京西,欢乐谷景区,永丰,临河里,纪家庙,同济南路,经海路,通州北关,亦庄文化园,郭家子,郭公庄,昌平东关,永丰南,亦庄桥,北宫门,天安门西,义和庄,育知路,上岸,张河桥北,大井,高碑店,阎村,廖公庄,农业展览馆,圆明园,枣营,栗园庄,房山城关,马泉营,东风北桥,朱辛庄,屯佃,丰台站,国展,生命科学园,林萃桥,五福堂,分钟寺,南法信,南邵,良乡大学城,郎辛庄,石厂,燕山,双合,高楼金,花梨坎,篱笆房,万邵东,东高地,八里桥,瀛海,化工,马各庄,后沙峪,奥体中心,善各庄,北安河,T3 航站楼,稻田,小园,北邵洼,广阳城,潞城,沙河高教园,T2 航站楼,香山,茶棚,大瓦窑
E	大葆台,黄厂,焦化厂,良乡大学城北,温阳路,德茂,饶乐府,俸伯,东夏园,桥户营,北运河东,大兴新城,紫草坞,植物园,十三陵景区,昌平西山口,郝家府,群芳,次渠南,次渠,张郭庄,稻香湖路,阎村东,大石河东,颐和园西门,孙河,四道桥,崔各庄,万盛西,黑庄户,大兴机场,森林公园南门,亦庄火车站,花庄,巩华城,园博园,万安

北京市轨道交通站城一体实践的探索起步较晚,上述评价结果揭示了北京市轨道交通站城一体发展过程存在的缺陷。

第一,城市整体呈现低密度、均质化蔓延,轨道交通沿线并未呈现高密度开发。高强度开发是站城一体发展的根本,是完善交通功能、形成城市集约紧凑形态、发挥轨道交通综合效益的关键。香港住宅建筑容积率可达到10,办公和商业建筑高达15;东京站容积率达7.9,东京涩谷未来之光容积率达13.7;而北京站点周边平均容积率显著低于国际城市。北京微中心管控要求提出"鼓励在一体化控制范围内适当提升开发强度",但目前尚未落地,建议进一步探索站点周边容积率提升标准与实施路径。

第二,沿线开发滞后于轨道线路建设运营。站城一体强度沿线土地开发与轨道交通建设同步实施,轨道交通解决沿线高品质居住、办公、商业等物业入驻群体的快速出行需求,沿线高活力社区反哺轨道客流。北京昌平线、房山线已开通10年,但沿线土地开发滞后,严重影响客流效益。建议新建线路轨道交通沿线同步进行土地开发建设。

第三,站域用地功能单一,城市职住分离未得到有效缓解。功能混合是站城一体发展的灵魂。东京汐留站、涩谷站复合功能建筑面积远超交通设施建筑面积,站点既是交通枢纽,亦是城市商业中心。建议北京加强站点交通功能与城市功能的融合,发挥轨道高可达性的优势,配套复合化功能,形成人气活跃的城市节点。

第四,站点"最后一公里"衔接不畅。出入口数量少、出入口与周边建筑的连通性差,外围区路网规模供给不足,步行可达范围受限等问题显著。建议新建站点参考站点接驳相关设计规范进行一体化接驳设计。

第6章

城市轨道交通站城一体开发体制机制研究

第6章 城市轨道交通站城一体开发体制机制研究

区别于常规的用地开发,站城一体开发实施因与轨道交通等市政公用设施的相关关系,使其在操作层面有特殊型。本章重点围绕站城一体操作层面的工作组织进行介绍,主要包括开发的体制机制、投融资模式等,其中微观层面的土地整备是站城一体工作中的关键所在,故展开详细阐述。

6.1 站城一体开发的体制机制

轨道交通站城一体开发是一项关系经济发展和民生的系统工程,因涉及从规划到实施、运营全过程,其与城市规划、城市建设、商业运营等密不可分,需要多部门多组织协调,构建站城一体开发的上层完善框架,是推动站城一体项目实施的重要保证。实践证明,站城一体工作体制机制的建构主要包括两点:一是建立高效的协调组织,二是有效的法律、政策支持。

6.1.1 高效的推进组织

站城一体项目实施推进牵扯自然资源和规划、城建、财政、土储等多部门,多方协调矛盾需要牵头组织结构协助解决,且组织需要有较高的级别及权利,便于协调不同政府、私营部门的利益关系。应通过法律、政府文件或其他官方形式设立一个特殊机构(特别工作组、委员会或机构),以促进城市总体规划与相关法规协调可持续发展。根据实际情况,常用的组织方式需要有效的领导机制及明确的实施组织。

1) 有效的领导机制

有效领导机制的领导力包括制定强有力的长期愿景,创建有实权的、包容的和透明的实施机构与规划流程,确定资源分配的优先等级,用以权衡矛盾冲突存在时的利害关系。随着站城一体理念的不断普及以及工作推进经验的不断积累,部分城市逐渐将站城一体理念下的轨道交通场站综合开发工作列为鼓励的开发模式,并从政府层面发布意见、公告明确具体实施办法,如合肥市人民政府印发的《关于轨道交通场站综合开发的意见(试行)》和南京市人民政府印发的《关于进一步推进南京市轨道交通场站及周边土地综合开发利用的实施意见》等文件,都明确了具体的领导机制。

南京市在2015年明确了领导机制,市政府成立轨道交通场站及周边土地综合开发利用工作领导小组,市政府主要领导为领导小组组长,市政府常务副市长、分管城建的副市长为领导小组副组长,市各相关职能部门、各区(园区)、地铁集团主要领导为领导小组成员,统筹协调与轨道交通场站及周边土地综合开发利用工作有关的规划控制、土地收储、开发建设等工作。

合肥市轨道交通开通运营晚于南京,在2019年同样明确了领导机制,市政府成立轨道交通场站综合开发利用工作领导小组,常务副市长为领导小组组长,分管城建的副市长为常务副组长,联系城建工作的副秘书长为副组长,各县(市)区、开发区、市财政局、市自然资源和规划局、市土地储备中心、市城乡建设局、市商务局、市国资委、市住房保障和房产管理局、市建投集团、市轨道公司为领导小组成员单位,统筹协调与轨道交通场站及周边土地综合开发利用工作有关的规划控制、土地收购、土地供应、开发建设等工作。领导小组下设办公室,办公室设在市轨道办,联系城建工作的副秘书长兼任办公室主任,市轨道办主任为办公室副主任,统筹推进日常工作。

可以看出,由于站城一体工作涉及部门众多,总体上都需要市政府成立工作领导小组来专办、协调具体工作,具体事项则由具体政府部门负责。相比南京市,从合肥市的实施意见可以看出领导小组的工作安排逐渐明确、具体,是领导工作机制不断完善的体现。

2)明确的实施组织

站城一体发展重点围绕轨道交通开展,从技术角度,需要轨道交通专业单位分析宏观层面轨道交通线网、线路及站位对具体地块的影响,微观层面包括车站出入口一体化、通道连接、结构关系的影响;从投融资角度,需要权衡轨道交通建设成本与综合开发的收益权衡。因此,在我国目前的环境下,城市对应的轨道公司最适合参与和牵头站城一体综合开发工作,其公有半公益性质也能提供一定的便利条件。多数城市也在具体文件中明确了轨道公司的责任地位,如南通市人民政府印发的《关于推进轨道交通场站及周边土地综合开发的实施意见》,明确指出轨道交通经营单位,负责轨道交通综合开发,牵头开展轨道交通综合开发策划,会同市自然资源和规划部门编制轨道交通综合开发专项规划、一体化城市设计,配合做好地块规划条件的研究工作;提出轨道交通综合开发年度用地计划需求;认真做好资金筹集、立项报批、证照办理、建设管理等相关工作;落实领导小组交办的其他工作。即站城一体全过程中的规划、设计、投融资、建设等细节均由轨道运营单位牵头组织,从市政府层面明确了具体的责任主体,方便工作的不断推进。

6.1.2 有效的法律、政策支持

由于站城一体开发项目与传统开发项目在实施主体、投融资模式、建筑形式与结构等方面的差异,在实际操作过程中项目本身仅靠既有法律、政策难以支撑站城一体开发,即制定法律、政策的目的在于为轨道交通综合开发开发项目提供灵活、特定的可行性依据,激发社会资本的意愿,更有效地实现反哺目标。以2016年9月8日国家发展改革委组织召开城市轨道交通投融资机制创新研讨会为例,会上强调,城市轨道交通投融资机制创新,要牢固树立可持续发展理念,坚持多元化筹资,构建多赢协同机制,加大政策创新力度,包括尽快完善综合开发土地政策,顺应轨道交通投融资创新的需要,协调不同属性土地的管理机制,促进轨道交通沿线和站点周边的物业开发;完善有关的税收政策,大力推广PPP模式,借鉴学习重点城市实施PPP项目的实践经验,积极引入社会资本;深化研究涉及综合开发的消防、环保等标准和配套政策。各个环节都需要新政策的支撑,国外城市及我国香港都积累了良好的政策经验可供借鉴。

1) 土地利用政策

界定城市增长边界:通过规划手段控制城市规模的无节制增长,圈定城市增长边界来固定发展形态,摊大饼发展模式下划定最外围建设圈,而在站城一体发展模式下要求城市发展边界沿轨道交通线网、线路靠拢,最大限度地发挥轨道交通带来的土地价值增长,如1997年波特兰市通过划定增长边界和加强公交发展实现精明增长。

优化审批流程:一般规划审批涉及规划、土地管理及建设等部门,流程复杂、周期长,特别是在实施主体、投融资模式特殊的情况下,繁杂冗长的审批过程增加了开发的难度,有针对性的优化规划许可审批程序可有效缩短建设周期。例如,美国博尔德市对土地混合使用区域规划审批时间从3~4年减少至4~6个月;美国丹佛市提供两种可随意选择的设计审查程序,基于设计标准的审查一般不超过15d,基于设计准则的审查一般不超过45d。

容积率奖励:容积率奖励是土地开发管理部门为取得开发商合作,在开发商提供一定的公共空间或公益性设施的前提下,奖励开发商一定的建筑面积。该政策引导开发商建设建筑与市政交通连接的通道、天桥、高线连廊等设施,是配合综合开发项目落地实施的重要保障。例如,美国开发商为城市提供额外公共空间,则按规定增加一定楼板面积;日本规定建筑区内有效公开空地面积比例不低于20%,

如果高于20%可获得额外容积率奖励。

2）停车设施建设

停车设施的建设常与土地利用政策配套，要求地块建筑根据使用功能配套足够的停车设施，以满足自身使用需求。而私人机动化出行的便利变相引导了出行者过度使用小汽车出行，这与发展公共交通的意愿相悖。合理的引导方式是在公共交通较发达的区域（如轨道交通沿线或站点周边）折减停车设施供给，从侧面增加小汽车出行的成本，是保障公交导向发展的有力措施。国外众多城市对停车位的建设是"限建"而非"配建"，在轨道、公交车站周边考虑折减。例如，德国汉堡、瑞士苏黎世限制中心区最大停车位数量；美国西雅图、波特兰控制最大车位建设数量；法国巴黎轨道站点周边500m范围配置零车位。

3）交通系统配套引导

配合站城一体建设发挥作用，要从各交通方式来引导出行者向大容量轨道交通方面转移，从正面鼓励引导及侧面间接限制两方面入手。鼓励方面主要通过绿色交通发展推行，如优化公交网络规划、便捷非机动车接驳等措施改善接驳环境，引入"出行即服务"理念，例如北京市在2020年9月基于MaaS平台建立了"MaaS出行、绿动全城"碳普惠激励机制，通过积分、优惠券等方式奖励绿色出行，引导绿色交通发展。限制方面则主要针对轨道交通竞争关系的交通方式，如通过拥堵收费、小汽车限购、阶梯化停车收费等措施限制小汽车使用，例如新加坡、斯德哥尔摩、伦敦等通过拥堵收费政策限制小汽车使用，新加坡拥车证、香港车牌照拍卖以及北京小汽车车牌摇号等措施都能有效地限制小汽车的购买及使用。

6.2　站城一体开发的投融资模式

站城一体开发项目的规划实施和运营过程投资规模大，涉及面广，利益冲突多。伴随着项目的不断开展实施，国内外各项目建设主体逐渐积累经验，形成了完善多元的融资模式。在国外的相关项目中，资金来源比较广泛，有国家专项投资、税收增值、社会资金、合伙或者合资公司的投资等，并且建立了严格的资金使用程序和评估制度。大多数的城市道路、轨道系统和车站的建设都是由政府投资的，而房地产业方面的资金大多来源于私人资本。政府投资和私人资本之间有序、合理、有效的共同作用,确保了项目的顺利实施。如何在不同建设背景下明确项目适合的投资模式,是站城一体综合开发的关键。

6.2.1 站城一体开发涉及的相关主体

明确站城一体项目适合的投融资模式,首先要梳理项目中相关利益方的定位及诉求。项目从规划、建设到实施运营的各个阶段都涉及不同的主体,主要包括政府、公共交通机构、房地产开发商及项目使用者等,各个主体对应的定位及诉求各有差异(图6-1)。

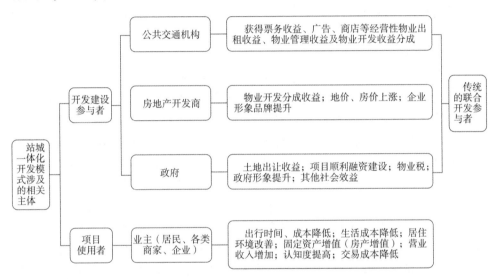

图6-1 站城一体开发模式的相关主体

1) 政府

站城一体开发项目是政府通过市场对城市空间和土地资源进行优化配置。政府通过城市发展规律来系统调整土地资源利用情况,使得基础设施建设与用地开发互利共赢,一方面要保障项目的资金及顺利开发,另一方面还要保障项目使用运营的成功,让真正有需求的人群购买服务。因此,政府扮演决策主体的身份,除了满足项目开发在技术上可行,还要注重统筹平衡项目开发时间和建设资金的关系。

2) 公共交通机构

公共交通作为站城一体综合开发模式的主导产业,其建设和投资对整个项目的规划和实施起着决定性作用。公共交通机构作为建设主体,实为政府进行基础设施建设的平台公司,其建设费用多依赖政府公共财政的支持。且公共交通后期运营同样需要大量的成本,主要依靠票价收入和财政补贴进行回收,国内地方政府目前没有设立固定的公共交通发展资金,每年根据财政状况对车辆购置、公交线路、基础设施等给予一定程度的支持,造成公共交通机构的连年亏损。在项目中,公共交通机构是土地价值提升、开发项目受益最直接的付出方,但目前我国城市土地的所有权和使用权是分离的,轨道交通带来的外延效益并不能体现在轨道交通项目中,无法利用土地的升值来反哺轨道交通建设,所以财务亏损在所难免。所以,合理的项目投融资模式需要将公共交通机构付出的基础设施建设成本一并考虑,做到资金回流,有利于城市基础设施建设的良性发展。

3)房地产开发商

在站城一体项目大面积推行的环境下,政府资金的投入面临压力大、开支窘迫的局面,同时考虑项目政府侧主体轨道交通建设单位的经验匮乏问题,政府对房地产开发商介入站城一体项目持积极态度,鼓励开发商将经验应用于项目建设,同时将社会资本引入,分担政府压力。而项目的实施需要时间,土地的价值是随之逐步提升的。开发商意识到站城一体所带来的长远利益,越来越多的开发商开始用长期的观点来评价项目的潜在利润回报。但是房地产业的投融资格局较为单一,我国现行统计制度和相关统计结果显示,目前我国房地产资金主要来自银行贷款、自筹基金、定金、预收款以及其他资金。短期的高投入与漫长的回收期对房地产开发商造成较大的压力,认为投资回报率理论上大于其他投资,但是鉴于资金的紧缺和政策层面的缺失,并不愿意参与这种新型的"冒险游戏",亟待需要政府通过财政政策和激励措施来规范和引导投资开发。

4)项目使用者

站城一体项目的使用者包括项目住宅居民、商业投资运营者、产业就业者等相关人群,他们扮演着对项目运营使用效果评价的角色。他们共同的诉求包括出行便利、生活成本低、生活环境好、项目增值、收入增加等。使用者是项目后期运营成功与否的关键所在,要求设计者切实考虑使用者的需求,充分做到以人为本。

6.2.2 国内外典型投融资模式

为了确保有足够的资金投入支撑完成项目开发,同时保证投入方持续且合

理的收益,国内外各城市已经形成了多种多样的典型投融资模式。主要包括以下几种:

1)制定项目资金保障政策

作为站城一体中典型 TOD 理念的发源地,美国各州根据实际情况不断完善政策支撑,已形成多样化、成熟的保障政策,对项目全过程涉及的规划、建设及购买运营阶段都有所考虑。在规划阶段,政府补贴费用开展区域的 TOD 一体化规划,给出控制条件并落实相应的容积率奖励政策机制,同时保障区域内学校、医院、体育等公共服务设施的规划落实。在建设阶段,对鼓励范围内综合开发项目给予一定的建设费用补贴,要求开发企业按照标准完成高质量建设。在购买运营阶段,对范围内项目购买者提供多样的资金资助方式,如住宅的零利息贷款、产业用房的初期税费减免等,保障项目初期的入住及使用率。各项政策见表 6-1。

美国部分州的 TOD 保障政策 表 6-1

序号	州	资金保障政策
1	加利福尼亚州	为公交车站覆盖范围 0.5mile(1mile≈1609.344m,下同)以内并且社会保障住房占 15% 以上的住宅项目提供基础设施建设资金、低息贷款和抵押贷款担保
2	康涅狄格州	为特定的单个 TOD 项目提供资金 25 万~100 万美元,两年内最高 1000 万美元;为邻近公交车站的住房开发提供财政补贴
3	伊利诺伊州	为提供社会保障住房并且在公交车站覆盖范围 1mile 内的企业减免 10% 的税费
4	宾夕法尼亚州	为公交车站周边的邻里社区提供财政补贴,并且允许公交运输企业、开发商和地方政府进行联合开发,共同分享项目收益
5	俄勒冈州	通过减免税收的方式鼓励土地缓和开发,制定税收政策来鼓励混合开发,并且最多可以提供 10 年之内免除 80% 税费的优惠
6	马里兰州	允许公共交通部门直接参与特定的 TOD 投资规划,并且每年提供高达 300 万美元的资金推动项目的前期规划研究;为了提升社区活力,州政府每年还会提供大约 420 万美元资金支持

续上表

序号	州	资金保障政策
7	新泽西州	为单个 TOD 项目提供 100 万美元规划编制资金支持；减免开发商和土地拥有者的税费，限制条件是：9 个都市区范围内的轨道交通站点覆盖范围以内，并且单个项目必须提供 250 个以上的就业岗位，其投资额不低于 5000 万美元
8	马萨诸塞州	在规划阶段，为公交车站覆盖范围内的高密度开发住宅项目提供容积率奖励，并且投资建设公立学校； 在建设阶段，主要为公交车站覆盖范围 0.25mile 以内且提供 25% 以上社会保障房的住宅项目给予资金补贴，每个项目的资金不超过 250 万美元； 在购买阶段，为住房购买者提供资金担保，条件是公交车站覆盖范围 0.25mile 以内的房屋交易，资助方式主要为零利息贷款和 30 年延期支付贷款，有时也会向中产阶级提供现价住房

这些保障政策实现了居民的住房需求、交通需求、就业需求、土地资源保护和环境保护之间的协调统一，有力推动项目的顺利施展。

2)"轨道+土地"联合投融资

"轨道交通+土地综合开发"模式是将轨道交通建设与沿线土地利用统筹考虑，这种模式将轨道交通建设与沿线综合开发相结合解决项目正外部性难题，将城市轨道交通项目沿线的土地开发与物业经营收入，一并纳入轨道交通项目中来，致力于实现项目自平衡。实际上，这不仅是轨道交通的融资模式，还是一种综合城市规划、土地开发和地铁建设的联合开发模式。在轨道交通项目启动前，原区域内的房产价格、房产数量、居民对住宅的需求处于相对均衡状态。但随着轨道交通的引入，区域交通更便捷，区域吸引力增强，房产需求增加，价格相应提高。同时，房产的供给也会随着项目开发增加，最终形成新的动态平衡，在过程中形成了新的溢价。具体实施路径为政府通过合法合规程序就站城一体区域内土地的开发建设向轨道平台公司授权。政府通过资产注入、资源匹配，或具体项目的建设付费，对平台公司实施站城一体开发建设予以支持。获得政府授权的平台公司，依法合规实施轨道交通项目及沿线土地的开发建设，总承包招标由社会资本依法参与竞标，中标后由社会资本与政府授权的轨道平台公司共同组建项目公司。项目公司负责轨道交通项目的建设、运营、站城一体土地的综合开发，并进行具体项目的建设管理，轨道平台公司根据项目合作协议、竣工审计等向项目公司支付开发建设费用。该模式运作逻辑如图 6-2 所示。

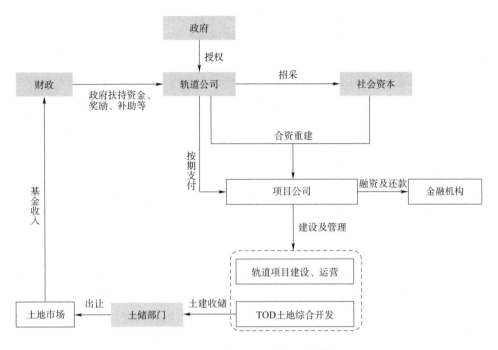

图6-2 "轨道+土地"联合投融资模式

目前,国内外已经有很多城市比较成功地实施了"轨道+土地"联合投融资模式,香港、深圳等城市都取得了较好的效果,保障轨道交通建设资本的同时带动了沿线土地的开发建设。以香港为例,香港地铁一共设立了52个站点,其中采用与周边地产开发捆绑融资建成的站有26个,占总数的50%。2009年,香港地铁公司的年度总收益为96亿元,其中32亿元为地铁运营收入,剩余的64亿元全部是地铁周边地产开发的净利润,占总收益的2/3,充分证明了"轨道+土地"联合投融资的优势。"轨道+土地"联合投融资模式通过资源优化配置,促进轨道交通建设从纯粹的公益事业转化为商业经营、房地产开发支持的良性发展实体,其作用表现在:可以发挥轨道交通和房地产业的联合融资能力,提高项目的资本实力。

3) 混合投融资

站城一体开发可以有效配置公共资源、提升土地价值,但作为一项高成本、高效益的"产业",单靠传统的政府财政支持已经无法满足需求。由此,与其他公共基础设施建设类似,站城一体开发也逐渐采用PPP模式,即政府和社会资本合作共享投资收益、共担投资风险和责任。项目提出了"混合投融资"的新要求,只有借助PPP方式,才能降低项目风险,保障项目顺利实施。在美国很多州,政府联合联邦教育拨款、税收增值金融、公司抵押贷款等资本关系共同支持站城一体综合开发。另外，债券市场和证券市场融资也已经在国外综合开发项目中广泛应用，并产生了良好效果。成功的站城一体项目，大部分都是由政府投资和私人资本合作开发的，一般情况下，轨道交通、车站公共空间等基础设施由政府投资建设，社区住宅、写字楼和商业设施则依赖于社会企业丰富的经验来通过私人资本建设。但是，作为投资方，肯定会期待高投资回报率。因此，对目总体回报率进行评估、对选择投资决策是必要的环节。混合投融资模式的目的就是吸引各种经济成分参与综合开发，通过政策和资金双重投入来加速项目的运作，其作用主要表现在：①为项目提供了充足的资金来源，缩短了资本周期，提高了社会资金的使用效率；②在提高轨道交通客流量和综合效益的同时，提升了周边土地的商业价值，进而保障了房地产开发商的投资回报率，实现了站城一体项目投融资的良性发展。

4）税收增额投资

税收增额融资（Tax Increment Financing，TIF），其基本原理在于增加物业价值的理念，是20世纪50年代兴起于美国加利福尼亚州的一种借款融资模式，此后逐渐被地方政府广泛采用。当时，联邦政府削减了财政，地方政府为了城市社区发展多方面筹集资金，税收增额融资是其中最有创新性和弹性的融资途径，利用信用原则扩大特定地区的公共投资，并且合理引导私人投资。在站城一体项目中，对于那些居民、各类商户和企业来说，收益是显而易见的，主要表现在：增加了价格合理的住房；减少了交通成本和停车的费用；提高了土地价值和租金；增加了零售业收入；增加了就业机会。理想来看，这些受益群体应该按照收益缴纳一定比例的税费，收益越多，税费越高。在此基础上，可以采用项目"溢价回收"的方式回收项目成本。

"溢价回收"也被称为"利益共享"，是将受益者从项目中获得收益的部分或者全部地作为公共设施建设项目投融资来源的一种运行机制。轨道交通线路及车站作为核心动力源，综合开发项目围绕线路及车站产生廊道效益、节点效益，在一定的范围内存在效益梯度场，廊道效益由中心向外逐步衰减，遵循一定的距离衰减率。实际的溢价回收办法可以参照不同区域的溢价效果，随距离由远及近实行由低到高的回收比例。在这方面，美国的"溢价回收"机制已经达到了成熟阶段：政府在项目开发建设初期划定"税收融资区"，然后确定"调整后物业评估价值"并将其作为"基准税基"，在未来较长的一段时期内，按照"基准税基"进行征税。地方政府按照基准税基对应的税率构成征收税赋，超过基准税基的那部分物业价值就是"税收增额"部分，由特别设置的"税收增额融资区"管理局收取，将此部分资金拨付给税收增额区内的特定项目，为其提供开发建设投资。税收增额融资制度具有很多优点：①地方政府能够通过发行增额融资债券的方式为区域内公共基建项目融资，改善公共设施，居民能够获得很大收益；②由于税收增额融资无须提升税率，因此可以规避政治层面的责难；③地方政府可以弹性调控税收增额融资计划；④税收增额融资计划能够合理引入私人资本，创造工作岗位，刺激衰败地区的再发展，引导城市有序扩张。

6.3 站城一体战略下土地整备方法

对于站城一体开发项目而言，权衡社会资本的介入与规划落实之间的关系，关键在于土地的整备，通俗而言，即如何让土地能按照轨道交通建设时的土地规划来落实用地开发。以往，通常习惯按物业开发用地与轨道站点的位置关系，将综合开发分为上盖开发和沿线用地开发两大类。但从国内综合开发面临的相应制度困境和发展实情来看，上述分类方式无益于实际的综合开发操作。随着快速城市化下土地的急剧消耗，增量开发与存量改造并重的时代已经到来。鉴于两类开发在站城一体综合开发中存在各自不同的挑战，因此，将发展潜力分为增量开发和存量开发两类进行探讨。其中，增量开发包括土地使用权仍掌握在政府手中的未批未建用地，另一种是车辆段和停车场用地。存量开发方面，由于国内轨道建设普遍滞后于城市发展，轨道规划时站点周边大部分的用地可能都已出让或开发，可将用地进一步细分为已批未建用地和已建待更新用地两类。

6.3.1 站点周边未批让土地

鉴于轨道的巨大融资需求和政府财政支持乏力，越来越多的城市开始由原先的财政补贴转向"轨道＋土地"联合投融资模式，即"以地养铁"。目前，虽然仍有城市设立专门的轨道建设专项资金，以保障轨道建设运营的资金需求，但"以地养铁"已是大势所趋。那么，在这个过程中，如何在相应制度和法律框架下，让轨道建设主体顺利获得上盖或沿线土地的一级使用权，成为这一制度创新的关键。香港"轨道＋物业"模式中，香港地铁公司通过特许经营权从政府手中低价获取地铁沿线物业和土地的开发权，然后招商进行物业开发，其过程较为直接。根据《中华人民共和国物权法》相关规定，轨道交通设施用地属于公益性用地，而其上或沿线用于物业综合开发的用地则为经营性用地，这种二重性使得两者需分别通过划拨和公开"招拍挂"的方式出让。这一制度限制不仅令轨道建设主体陷入了市场竞争的漩涡,还给土地的获取和开发效果带来了极大的不确定性。

以"招拍挂"方式出让沿线物业用地,将无法确保轨道建设主体获得用地,即使由其获得,也可能由于支付的金额过高而与综合开发本身的溢价反哺目的背道而驰,且会一定程度上增加其融资负担。部分较早开展轨道交通建设的城市,已经通过创新摸索,逐渐形成了一套适合自身城市的土地取得对策。总体上,可主要分为以下4种方式,即定向招拍挂、土地作价出资、协议出让以及授权经营。

1)定向招拍挂

定向招拍挂指的是通过特定资格的设置,使得"招拍挂"过程中只有一家符合要求的单位参与竞标并最终中选。轨道交通领域的土地捆绑出让过程中,通常将具有地铁线路和附属设施建设经验作为参与的附加条件。这种量身定制的招拍挂行为,是政府在现有土地管理法约束下的变通,也是为保障轨道建设主体顺利获得综合开发用地而采取的保险做法。从操作来看,这种方式最易执行。不过,如果条件设置不当,也可能会涉嫌违反《招标拍卖挂牌出让国有土地使用权规定》相关条例和《中华人民共和国招标投标法》相关规定,因此,需要注意捆绑条件的设置。此外,这种定向招拍挂方式也存在某种不确定性和滞后性,会带来规划和综合开发上的被动。也有城市在后来的实践中抛弃了这一做法,比如深圳轨道交通二期前期融资阶段,由于建设所需资金量增大,单纯依靠政府财政已难以为继,政府便通过定向招拍挂的方式将车辆段等相关用地以低价出让给地铁公司。但其本意其实是将上盖空间或沿线用地作为资本金直接投入地铁公司成为其资产。但是,受"招拍挂"制度的束缚,需要地铁公司先缴纳地价再通过市财政返还。整个过程实际上是以空转形式完成的,程序繁复。

2)土地作价出资

鉴于定向招拍挂存在的一系列问题,深圳市在城市轨道交通第三期建设规划时针对用地取得方式进行了新一轮改革。土地作价出资最早由深圳提出,是对原国土资源部提出的土地资源、资产、资本管理新模式的积极探索和实践。依据《中华人民共和国公司法》第二十七条的规定,深圳采取了将土地使用权作价入股的创新方式,即在经土地评估机构市场估价后,政府以资产入股的方式将拟入股地块的土地使用权直接投注给轨道交通集团,由轨道建设主体进行市场化运作。同时,该土地使用权相应的股权则由政府委托某国有企业(如城市基础设施投资公司)持有或由国资委持有。从2012年5月出台《深圳市土地管理制度改革总体方案》和《深圳市城市轨道交通第三期建设规划》提出以土地作价出资解决轨道交通三期相关建设资金的融资方式,得到国家批复,到2013年颁布《土地使用权作价出资暂行办法》《作价出资实施流程》和《作价出资合同(范本)》相关文件,前后历时整整一年。不过,这一创新探索确实为之后其他城市的综合开发用地获取提供了有益的参考基础。目前来看,土地作价出资这一方式具有较强的实践性,不过操作中应当按照法定流程进行地价评估,并完善相应手续。

3) 协议出让

内地城市中以协议方式出让综合开发用地的典型代表是上海,也是与香港地铁最为接近的一个做法。根据上海最新的综合开发实施意见,新建轨道交通场站综合建设用地,在完成土地储备形成"净地"后,以协议方式出让给综合开发主体。其中,用于车站、轨道部分的土地,仍然按照划拨方式管理,而涉及经营开发的部分,按轨道建设前的市场评估收取地价。截至2015年,上海申通集团已累计开发了15个项目,其中3个停车场上盖、12个站点上盖,占地面积共214hm^2,总建筑面积391万m^2,申通集团按股权比例持有的建筑面积为117万m^2。据统计,上海市早期以传统方式开发的28个地铁停车场占地达到了913hm^2,这一批用地效益低下,与存量阶段土地资源的紧缺形成鲜明矛盾。考虑到用地集约化发展的需求,2016年颁布的《关于推进上海市轨道交通场站及周边土地综合开发利用的实施意见》还针对既有场站用地提出了重新复合利用的可能,即在充分做好风险评估的前提下,可对既有车辆段或停车场设施采取先回收、再整体协议出让给综合开发主体进行复合开发。需要注意的是,与香港将一定规模的土地协议出让给香港地铁公司不同,2016年10月以前,上海对协议出让对象及其开发模式有一定限制。比如,以协议方式获取土地的综合开发主体一般为区属国资或国资控股公司,在获取土地后规定要以自主开发为主,不得转让,社会资本若想参与物业开发,需要通过公开招标。并且,按照上海市规划土地局的意见,对协议获得的土地需限制其二级开发时使用股权合作模式,而这一规定对综合开发形成了障碍。直到2016年10月,新的实施意见调整中才提出,鼓励相关企业、轨道建设主体单独或联合设立开发主体。

4) 授权经营

土地使用权授权经营是指根据需要,国家将一定年期的土地使用权作价后,授权给经国务院批准设立的国家控股公司、作为国家授权投资机构的国有独资公司和集团公司经营管理的行为,主要针对自然垄断、提供重要公共产品和服务的行业。轨道交通作为重大交通服务设施,负责统筹轨道建设与运营的企业往往也是国有独资公司或国有控股公司。因此,为配合轨道综合开发,政府可通过授权经营的模式向城市轨道企业注入土地资产,使其获得沿线物业发展地块的开发权。在授权期限和范围内,被授权方可依法向其直属单位、控股或参股企业进一步配置土地使用权,如要改变用途或向集团以外单位转让时,则报土地行政主管部门批准后补交土地出让金即可。东莞是采取该做法的城市之一。出于轨道建设融资和运营补亏压力,东莞市属国有独资企业(东莞实业集团),负责包括资本金在内的轨道建设资金筹措。作为综合开发支持,东莞市政府将站点500m(城际站点800m)范围内50%可出让用地的开发权限授予东莞实业公司,东莞实业公司和规划局将线路开发总量作为依据,在不同站区之间探讨开发量的增减。与定向招拍挂方式相比,这种方式的好处在于被授权企业在获得土地时不必支付任何费用;与土地作价出资相比,授权方往往在轨道交通规划初期就会出台相应办法,将一定范围内的土地授权给轨道公司,无须制定额外的规范和操作流程,操作简单。不过,该方式投入的土地量较大,有别于以上3种以单个地块为单位的取得方式,东莞是以线路站点周边一定量的土地开发投入,授予东实公司全权开发。若非出于强烈的融资需求,城市政府也不会轻易选择该方式。并且在存量发展阶段,许多城市也没有如此规模的土地可供直接使用。

6.3.2 车辆段用地

根据地铁建设和运营需求,每条线路都至少配备一个车辆段作为停放或整备、检查的空间,而车辆段、停车场用地往往占地较大,与国内城市日益紧缺的土地资源供给形成了矛盾。国内许多城市,特别是特大城市,都对轨道车辆段的复合利用开展了一系列实践,并且在增量综合开发规模中占据了较大比例。在车辆段开发中,开发难点在于如何突破公共设施用地的法定局限和厘清各部分空间的使用权,赋予土地复合功能并对土地进行集约利用,这也是土地整备工作的一种延伸。《中华人民共和国物权法》第一百三十六条提到的地表、地上或地下分别设权的规定,以及深圳市前海湾车辆段上盖"分层设权、分别供地"的做法已经分别从法律和实践层面为供地尴尬破了局。在深圳前海湾车辆段中,3类不同的功能的空间使用权针对不同的使用主体分别采用了招拍挂、协议出让和划拨3种方式。

不过,具体到各城市某个特定车辆段(停车场)的上盖开发,还是需要结合其所在的城市环境综合设计,制定开发强度、分割空间和安置功能。

6.3.3 已批未建用地的协议调整

在国内,虽然还没有专门针对轨道与土地一体化开发的法规,但是轨道建设时要求对控规做相应调整的做法正是为捕获增加的这部分价值,现有的土地管理法与土地使用权转让条例当中也有涉及土地收回或置换的相关规定。比如,《中华人民共和国土地管理法》第五十八条、《中华人民共和国城市房地产管理法》第二十条与《中华人民共和国城镇国有土地使用权出让和转让暂行条例》第四十二条均明确指出,对于已经公开出让的用地,出于公共利益确需使用土地的,可依照法律程序提前收回土地,并按照实际情况对土地使用权人进行相应的补偿。在国家层面这一系列法规的保障下,深圳等城市也针对自身的实际需求采取了一些规定和用地调整指引。对于轨道影响范围内已批未建的用地来说,由于施工还未展开,调整的成本相对较低,因此可以争取通过政府与开发主体之间的协商,使地块性质与未来开发强度都尽量符合站城一体的发展预期。如深圳湾生态城项目中涉及一片原企业园区用地,该地块区位条件优越,但其上位规划编制时设定的容积率较低,仅为1.6。2010年政府相关部门便与该地块的持有方达成协议,将园区三期用地25.4hm^{2}土地中的20.3hm^{2}无偿交还深圳市政府相关部门。作为交换条件,开发方以补地价600元/m^{2}的方式保留总面积仅为原来1/4的地块,容积率提高并增加0.66hm^{2}商业用地,同时,政府将收回的土地容积率提高到6.1。

在此过程中,政府通过与企业协商大大增加总体开发量,实现了土地集约利用。当然,在地块规模较小或协商困难的情况下,也可借鉴日本的做法——积极吸引土地使用权人共同参与综合开发,以利润分成的方式实现轨道的溢价返还。日本轨道开发沿线的土地使用权通常散布在各个土地所有者手中,依据《都市圈住宅用地开发和铁路建设一体化推进特别措施法》的规定,铁路开发可作为城市公共利益项目获取土地,对于私有土地,可动员土地所有者成为投资方参与到开发中。只是目前我国还没有采用这样复杂的产权安排。

6.3.4 车辆段(停车场)用地的复合利用

受土地资源、社会经济等因素的驱动,各城市的轨道交通建设开启了站点周边大规模的城市更新和旧城改造,这类土地主要依据城市更新相关的土地整备工作获取,通常面临多重问题。首先,更新开发涉及对原有建筑物的拆迁和当地居民的补偿安置,对密集老城区范围内进行的更新往往意味着高昂的拆迁成本。其次,城市更新涉及主体更复杂且各主体诉求不一,协调困难,开发周期难以把控,这需要政府相关部门紧密合作进行开发。从实践操作来看,城市更新改造涉及权责分配与多方利益协调的决策权衡,并且经历了几十年的探索和反思,我国的城市更新也已经逐渐过渡到以城市功能品质提升和空间集约化利用为目标的发展思路。因此,城市更新与站城一体综合开发在土地使用上有着类似的价值取向,可以相互借力。城市更新轨道站点可充分利用交通区位优势使得物业价值提升,能够提高项目的交通和经济可行性,同时城市更新项目也能优化轨道交通站点周边环境。在深圳轨道交通4号线龙华新区部分区段的实践中,其综合开发中的土地获取就是依靠前期与城市更新项目的协调。首先,项目选址工作与站点周边城市更新同步,包括拆迁补偿谈判、土地收储、控规修改等。其次,区政府层面和深圳市采取了多种手段推进轨道交通沿线的城市更新,如提高站点影响范围内地块开发容积率,并采取优先审批、给予一定的补贴等。实践表明,城市更新与站城一体综合开发在政策协调下确实可以相互促进,疏解更新项目带来的交通压力,同时提高可达性使得土地进一步增值,其结果对轨道交通综合开发和城市发展都有很大的帮助。

第7章

城市轨道交通站城一体相关政策标准汇编

第7章 城市轨道交通站城一体相关政策标准汇编

站城一体开发项目落地实施的关键在于政策的保障与相关技术标准、规范的指导。制定政策的目的在于为轨道交通站城一体开发项目提供灵活、特定的可行性依据,突破传统土地开发项目的限制。相关技术标准、规范的编制则有利于统一设计依据,规范站城一体开发实施。从国家层面到各个开通城市轨道交通的城市,国内已逐渐形成完善的政策保障和技术支撑体系。

7.1 站城一体相关政策

7.1.1 总体情况

伴随着近年来轨道交通的高速建设以及站城一体理念的不断深化,轨道交通综合开发的政策保障日益丰富,形成了以城市实施意见为主、国家及省级层面指导的政策体系。

1)国家及省级层面

早在2012年,珠三角一体化蓬勃发展之际,为支撑珠三角城际轨道交通的建设,广东省政府即颁布了《关于完善珠三角城际轨道交通沿线土地综合开发机制的意见》,该意见明确了轨道交通项目沿线土地综合开发工作的开发主体、规模、收益管理、保障措施等内容。在2014年,国务院办公厅印发《关于支持铁路建设实施土地综合开发的意见》,该意见分土地综合开发的基本原则、支持盘活现有铁路用地推动土地综合开发、鼓励新建铁路站场实施土地综合开发、完善土地综合开发配套政策、加强土地综合开发的监管和协调5部分地区18条,是在前者基础上的完善及向全国的推广。这两部分都是针对轨道交通中国家铁路、城际铁路发展而制定的。

在城市轨道交通领域,国家层面主要有2003年印发的《国务院办公厅关于加强城市快速轨道交通建设管理的通知》(以下简称81号文)及2018年印发的《国务院办公厅关于进一步加强城市轨道交通规划建设管理的意见》(以下简称52号文)两个文件。区别于81号文重点关注城市轨道交通的规划编制、建设标准、经营管理等内容,52号文增加了对土地利用的指导内容,一是要加强节地技术和节地模式创新应用,鼓励探索城市轨道交通地上地下空间综合开发利用,推进建设用地多功能立体开发和复合利用,提高空间利用效率和节约集约用地水平;二是支持各地区依法依规深化投融资体制改革,积极吸引民间投资参与城市轨道交通项目,鼓励开展多元化经营,加大站场综合开发力度。文件从国家层面明确了轨道交通结合土地综合开发的发展原则，为各个轨道交通建设运营城市指明了发展方向。

2) 各城市层面

经统计，截至2021年9月，在内陆44座有城市轨道交通运营线路或建设计划批复线路在建的城市中，有42座城市都直接或间接地提出围绕轨道交通建设大力推行土地的综合开发模式。

其中29座城市都形成了专属地方城市的综合开发实施意见。包括超大城市在轨道交通成网后的经验指导总结，如北京在2018年发布的《关于加强轨道交通场站与周边用地一体化规划建设的意见》、上海在2016年发布的《关于加快实施本市轨道交通车辆基地及周边土地综合开发利用的意见》等，还有轨道交通建设势头迅猛城市的发展指导，如郑州在2021年印发的《郑州市城市轨道交通场站及周边土地综合开发实施管理办法（暂行）》、成都在2017年印发的《成都市轨道交通场站综合开发用地管理办法》等。此外，如温州、佛山等地铁建设初期的城市，也早早发布了综合开发的实施办法，特别是南通市在轨道交通在建还未开通时期即印发了《关于推进轨道交通场站及周边土地综合开发的实施意见》，凸显轨道联合土地的开发模式已成为轨道交通建设及站城一体开发项目的主推模式。

有10座城市虽未形成专项的实施意见，但在其轨道交通运营管理规定或条例中均有涉及综合开发的相关原则，这类城市多与轨道交通线路少有关，如《乌鲁木齐市轨道交通管理条例》提到"轨道交通经营单位可以在轨道交通用地范围内以及轨道交通沿线邻近区域开展土地综合开发活动。轨道交通经营单位可以在轨道交通用地范围内，依法享有广告、商业、物业等资源的综合开发经营权"，《昆明城市轨道交通管理条例》提到"城市轨道交通建设经营单位享有在城市规划确定的城市轨道交通用地范围内进行土地开发、广告和空间资源等资源综合开发的经营权。综合开发所获得的收益，应当用于城市轨道交通的建设和运营"。同样，芜湖市在轨道交通尚未开通之际，其轨道交通管理办法已明确指出"在轨道交通规划确定的轨道交通设施用地范围内，轨道交通建设单位、运营单位可以进行土地、商业和广告等综合开发"。

还有绍兴、洛阳、济南3座城市在相关实施意见中也点到了综合开发的相关事宜。绍兴在《关于加快推进绍兴市未来社区建设的实施意见》中提到"高效集约空间资源。按照公共交通导向开发（TOD）理念，有效进行疏密有致、功能复合开发。支持试点项目科学调整容积率、建筑高度等规划指标"；洛阳则在《关于城市优先发展公共交通的实施意见》提及"探索公共交通用地综合开发的可行模式"。

44座城市中,太原、呼和浩特两座城市虽尚未形成成文的指导意见,但在具体实施层面已开发轨道交通沿线用地综合开发的摸索工作,并同步研究具体的成文规定。

7.1.2 具体情况

纵观各个城市的引导政策,其目的都是落实以公共交通为导向的城市发展理念,形成运用土地综合开发收益支撑轨道交通建设的发展机制,促进土地资源的集约利用、城市功能结构的优化提升和轨道交通的持续健康发展。重点针对站城一体开发项目实施中的各项环节做出指导。

1)开发利用规划

开发利用规划包含明确用地范围及实施管控体系两部分内容。

明确用地范围:即定量明确多大的范围内对应的用地属于站城一体管控用地。部分城市的用地范围政策整理见表7-1。可以看出,各个城市对于用地范围有不同的划分,但一致的原则是围绕线路、站点或场站为核心,由内向外辐射的方式划定不同的范围,具体还需根据实际情况动态调整,这一模式也与轨道交通由内向外升值梯度递减的效果相一致。

部分城市用地范围政策 表7-1

城　市	用地范围政策
南京	原则上不小于轨道交通场站周边500m×500m范围划定为"轨道交通场站综合开发特定规划区",其中200m×200m范围划定为"轨道交通场站综合开发核心区",区分规划区及核心区来指导后续操作细节
南通	以轨道交通站点为中心,按照一般站点半径500m、换乘站点半径800m规划预留轨道交通综合开发用地。具体划定范围以轨道交通综合开发专项规划和控制性详规为准
郑州	原则上包括轨道交通线路区间两侧各500m、一般站点半径500m、换乘站点半径800m、线路端头(含车辆段、停车场及末端站等)用地边界范围线半径1000m以及筹资地块,并结合轨道交通线路区间、轨道站点、线路端头(含车辆段、停车场及末端站等)周边的实际地形、现状用地条件、规划道路及用地完整性等实际情况优化调整
佛山	以轨道交通场站800m半径,结合规划路网、自然地理界线、行政界线、权属界线等,统筹产业发展、公共服务设施配置、城市生活功能组织等因素,划定规划范围
重庆	原则上以城市轨道交通站点为中心,按照站点半径600m;车辆基地按本体工程用地以及周边不低于本体工程用地规模2倍的开发用地确定为轨道交通综合开发用地范围。具体范围根据地形、用地条件、用地权属、城市道路等实际情况按"一案一策"划定
北京	一站一策,根据站点周边的实际地形、现状用地条件、规划道路及用地完整性等实际情况来明确研究范围

实施管控体系：即明确具体的实施路径，相对于单纯的轨道交通建设，指出支撑站城一体开发项目实施需要经历的实际规划环节。部分城市的用地范围政策整理见表 7-2。尽管略有差别，但整体还是分为两部分规划内容。一方面是轨道交通自身的相关规划编制工作，包括前期的轨道交通开发策划、线网规划及建设规划编制阶段的综合开发专项规划、沿线一体化城市设计工作等；另一方面则是对应于国土空间规划体系工作中的规划调整工作，即将综合开发的相关内容纳入法定规划体系中，成为规划落地的保障性依据。

部分城市管控体系政策　　　　　　　　表 7-2

城　市	管控体系政策
南京	（1）根据轨道交通线网规划和建设规划，编制轨道交通场站综合开发利用专项规划，结合地区功能定位、发展要求以及轨道交通场站自身特点，细化地区空间结构、功能布局，在优先保证公共服务功能的基础上，明确综合开发利用轨道交通场站的功能定位、开发规模等要求。 （2）加强规划统筹。综合利用专项规划应与全市土地利用总体规划、环境保护规划相衔接，确保具体项目建设用地合法合规。轨道交通场站及周边地区控制性详细规划编制中，按照公共交通引导城市发展的理念，实现轨道交通场站与地区开发功能之间的紧密衔接
南通	（1）强化轨道交通综合开发策划。轨道交通综合开发应结合轨道交通线网规划和区域经济社会特征，开展项目定位和业态研究，强化产业集成，创新消费场景，避免同质化开发。可作为轨道交通综合开发专项规划、城市设计和区域控制性详细规划的参考依据。 （2）编制轨道交通综合开发专项规划。在轨道交通线网规划和建设规划阶段，同步编制轨道交通综合开发专项规划并按程序上报审批。专项规划须对轨道交通综合开发范围内的土地资源进行规划控制，明确轨道交通综合开发功能定位、开发规模等要求，实现轨道交通线网与城市资源的优化配置。 （3）开展轨道交通综合开发一体化城市设计。在轨道交通工程可行性研究阶段，轨道交通经营单位要会同所属县（市）、区政府（管委会）同步开展一体化城市设计，优化调整用地性质和开发强度，提升土地使用价值和开发收益，实现轨道交通综合开发与区域发展有机结合。 （4）优化相关规划编制及调整。涉及土地利用总体规划、城镇总体规划、国土空间总体规划调整修改等事宜的，由所属县（市）、区政府（管委会）负责，轨道交通经营单位配合，市自然资源和规划局积极予以指导
郑州	（1）编制城市轨道交通综合开发专项规划。 （2）根据轨道交通线路建设时序，结合用地选址方案，依据专项规划分批启动综合开发用地的控制性详细规划编制或调整程序。轨道交通综合开发控制性详细规划涉及轨道交通工程控制性详细规划的，不再调整轨道交通工程控制性详细规划。轨道交通工程控制性详细规划原则上不再改变沿线用地原用地性质及相关规划控制指标，仅明确轨道交通设施建设内容

续上表

城 市	管控体系政策
佛山	轨道交通场站及周边土地综合开发规划工作包括综合开发总体策略研究、综合开发规划和综合体概念方案,具体如下: (1)综合开发总体策略研究在轨道交通建设规划阶段同步组织编制,且必须在轨道交通建设规划正式上报前完成。轨道交通建设规划已上报但未开展的应当补充研究。 (2)综合开发规划应当在轨道交通项目工程可行性研究上报前完成编制和批复工作。对于新建轨道交通项目,综合开发规划的编制应当在综合开发总体策略研究经审议通过后立即开展。批准的综合开发规划成果是片区控制性详细规划编制(调整)的重要依据。控制性详细规划应当以综合开发规划为依据开展编制(调整)及审批工作。 (3)轨道交通车辆段、停车场、控制中心等设施的综合体概念方案由市属轨道交通投资建设主体负责组织编制,其余站点综合体概念方案由沿线各区负责组织编制。综合体概念方案应当在轨道交通工程可行性研究报告和初步设计阶段同步编制
重庆	(1)统筹做好城市轨道交通土地综合开发与国土空间规划的衔接。以经市政府批准的城市轨道交通线网规划为基础,编制城市轨道交通综合开发专项规划,与国土空间规划相衔接,明确城市轨道交通综合开发用地范围以及综合开发业态、开发强度、开发体量等主要指标。 (2)在城市轨道交通建设规划经国家审批后,将相关线路的综合开发专项规划按程序纳入站场周边区域控制性详细规划,完成规划法定化程序。市土地储备整治中心按照规划做好城市轨道交通沿线综合开发用地的储备。 (3)在城市轨道交通项目可行性研究阶段,按照城市轨道交通综合开发控制性详细规划,编制综合开发方案专题报告,提出综合开发整体设计方案,测算开发收益水平,其中轨道交通项目建设与综合开发密不可分的工程部分纳入项目可行性研究报告一并审批。 (4)在城市轨道交通项目初步设计阶段,按照经审批的综合开发方案,在城市轨道交通项目工程范围内,轨道交通项目建设与综合开发密不可分的工程部分应一体设计、同步实施,由城市轨道交通项目业主统一组织开展设计、监理和施工。由城市轨道交通项目业主之外的第三方负责实施综合开发的,纳入城市轨道交通项目同步实施的综合开发工程的设计、监理、施工等,城市轨道交通项目业主应充分征求综合开发业主的意见。 (5)已建和在建城市轨道交通项目,有条件实施综合开发的,按照"一站场一方案"原则,编制综合开发实施方案,明确开发业态、规模及方案等,市规划自然资源局应当对该综合开发实施方案提出意见。在建项目需为综合开发预留结构与同步实施的,通过城市轨道项目方案或设计变更一体设计、同步实施,并明确投资界面划分
上海	在轨道交通网络规划编制中,要根据城市开发边界和地区功能布局,同步研究各场站综合开发的总体要求。在轨道交通专项规划编制中,同步研究各场站综合开发的规划控制要求,条件成熟的场站可达到控制性详细规划深度,明确各场站的功能定位、开发范围、开发规模和相关控制要素等

2)土地用地保障

用地方面的政策是最关键的内容,也是最难突破的内容,各个城市也基本形成了因地制宜的政策体系(表7-3),对于不同的用地情况,基本情况包含以下3种:

(1)基础设施用地(含车辆基地、站点结构、衔接设施等):按《划拨用地目录》无偿划拨。

(2)与轨道交通设施结构关联但不具备单独规划条件的经营性用地:按协议出让或带条件出让,可将轨道交通线路建设及运营能力纳入竞买人资格要求。

(3)具备单独规划建设条件的经营性用地:应当以招拍挂方式公开出让,须完成一体化城市设计并落实相应控规编制、调整工作,出具规划条件。

部分城市用地出让政策　　　　表7-3

城　市	用地出让政策
南京	(1)具备条件的规划区内土地使用权应以招拍挂方式公开出让。 (2)核心区内用于车站、轨道、车辆段部分的土地按照划拨方式管理;核心区内不具备单独规划建设条件或适宜与地铁相关设施同步实施的经营性土地,由国土部门报经市政府同意后,按协议方式办理出让手续,协议出让的土地使用权及建筑物不得转让。 (3)鼓励社会资本参与轨道交通场站综合开发利用,土地使用权以招拍挂或股权转让方式公开出让。 (4)为支持轨道交通建设和可持续发展,鼓励地铁集团直接开发核心区土地和持有(或部分持有)上盖物业;地铁集团可参与其余规划区商业设施开发建设,经营收益优先用于轨道交通项目建设和弥补运营亏损
南通	(1)综合开发用地可分层设立用益物权,支持地上、地下空间按照不同功能单独开发。 (2)符合《划拨用地目录》的车辆基地本体工程、轨道交通站点本体工程以及涉及轨道交通场站的交通衔接设施、绿化工程、便民服务设施等附属配套工程,可以无偿划拨方式供地。 (3)轨道交通设施与其地上、地下空间必须整体规划、一体设计,对结构上不可分割、工程上应当统一实施、时序上必须统筹建设等不具备单独规划建设条件的轨道交通综合开发用地,在土地供应时,可将轨道交通线路建设及运营能力纳入竞买人资格要求。 (4)具备单独规划建设条件的经营性用地,应当以招拍挂方式公开出让。 (5)轨道交通综合开发用地范围内的土地在出让前,须完成一体化城市设计并落实相应控规编制、调整工作,市自然资源和规划部门在书面征求领导小组办公室意见的基础上,出具规划条件
郑州	(1)轨道交通场站用地及综合开发用地,符合划拨用地目录的以划拨方式供应;其他土地以招拍挂、协议出让等有偿使用方式供应,土地出让起始价应综合考虑做地成本。 (2)段场上盖部分的土地出让起始价可按宗地评估价的80%确定。

续上表

城　市	用地出让政策
郑州	（3）在确保轨道交通建设及运营安全的前提下，轨道交通场站用地与综合开发用地根据规划设计条件分别进行划拨和出让。 （4）为保证轨道交通工程建设及运营安全，轨道交通场站综合开发用地出让时，可将轨道交通线路建设及运营技术能力纳入竞买人（投标人）资格要求
佛山	（1）符合《划拨用地目录》的非经营性地上、地下空间，以行政划拨方式供地。 （2）与轨道交通场站有连通要求的经营性地上、地下空间原则上以招拍挂方式公开出让。其中，对于不具备单独规划建设条件的经营性地上空间，可将统一联建的轨道交通场站、线路工程及相关规划条件、轨道交通建设要求作为取得土地的前提条件，采用招标拍卖挂牌方式供应；对于不具备单独规划建设条件的经营性地下空间，可探索协议方式供应。 （3）对于既有轨道交通场站综合开发用地范围内的土地供应，应将综合开发的规划要求和轨道交通建设要求一并纳入土地供应的前提条件
重庆	（1）综合开发用地范围内、轨道交通站场用地范围外的综合开发用地，须按招标拍卖挂牌方式出让，土地出让规模根据实际情况确定。 （2）轨道交通站场用地范围内的综合开发项目按用途实行分层供应；轨道交通本体工程的建设用地空间按照划拨方式供应；需实施综合开发的用地空间，仍需采取招标拍卖挂牌出让方式供应
上海	（1）轨道交通场站综合用地使用权，可以协议方式出让给综合开发主体。 （2）轨道交通场站综合用地中用于车站、轨道部分的土地，按照划拨土地方式管理

3）土地开发收益

土地开发收益分配是轨道交通联合土地综合开发模式的重要环节，是支撑轨道交通可持续发展的核心。部分城市土地开发收益分配的政策整理见表7-4。总结来看，目前主要采取的政策是秉承土地收益反哺轨道交通建设的原则，从市、区两级和建设、运营投入两部分来实现实现收益的合理利用。市、区两级是指对轨道交通影响区不同范围内用地收益实行差别化分配，例如，市级层面从最重要区域的土地收益内分匹资金，区级层面则从次一级区域内分匹，具体模式参照不同城市的规定。建设、运营投入两部分是指土地开发收益直接反馈轨道交通建设，上盖物业经营收益则反哺轨道交通日常运营。通过多种方式，实现轨道交通的可持续健康发展。

部分城市土地开发收益政策　　　　　　表7-4

城　市	土地开发收益政策
南京	(1)轨道交通场站及周边土地收益应当用于支持轨道交通可持续发展。 (2)核心区内新增土地由地铁集团收储运作,规划区其余新增土地主城区由市土地储备中心统一收储运作、新五区由各区土地储备中心收储运作。 (3)核心区土地收益和线路正式运营前的上盖物业收益全部纳入市级承担的轨道交通建设资金,运营后的上盖物业收益用于轨道交通运营收支平衡;规划区其余新增土地市收益部分抵顶市级承担的轨道交通建设资金,区收益部分抵顶区级承担的轨道交通建设资金
南通	(1)统筹出让收益。轨道交通综合开发用地范围内的土地,由所属县(市)、区政府(管委会)负责整理,土地整理费用由所属县(市)、区政府(管委会)承担。土地出让金按规定计提轨道交通建设资金等后,市区两级按建体制财权划分比例分成。车辆基地上盖土地收益由市财政统筹,主要用于轨道交通建设和发展。 (2)分配开发收益。轨道交通经营单位可自主开发,也可与所属县(市)、区政府(管委会)或公开择优选取的合作单位联合成立合资公司,进行轨道交通综合开发,各方按持股比例或合作约定分配综合开发收益
郑州	市内五区、各开发区的轨道交通综合开发用地出让后的土地出让总价款,在扣除33%计提事项后,剩余67%的成本及净收益全部拨付做地主体
成都	(1)具备单独规划建设条件的轨道交通场站综合开发用地出让后,土地出让收入缴入市财政土地收入专户,市财政局以首次评估价为基数,将土地整理业主的分配金额补助给区(市)县财政,或直接核拨相应整理成本给土地整理业主;实际成交价与首次评估价的差额扣除中央、省规定的计提项目后,安排互联互通建设相关成本费用后,全额用于轨道交通建设、运营和轨道交通场站综合开发。 (2)车辆基地土地出让收入缴入市财政土地收入专户,扣除中央、省规定的计提项目和轨道交通建设资金后,全额安排给成都轨道集团
重庆	(1)建立城市轨道交通建设与站场用地综合开发成本分担机制。城市轨道交通项目工程范围内的土地征拆成本,纳入城市轨道交通项目投资,不计入综合开发成本;城市轨道交通项目因实施综合开发预留工程引起的新增投资,计入综合开发土地成本。综合开发滞后于城市轨道交通项目建设,且综合开发业主未确定的,因实施综合开发预留工程引起的新增工程投资作为造地成本,先纳入城市轨道项目建设投资,待综合开发用地完成"招拍挂"后归垫。轨道交通项目工程范围外的综合开发用地成本,由综合开发业主承担。 (2)建立城市轨道交通综合开发一级收益分配机制。轨道交通综合开发一级收益溢价部分,实行市区分成。市级分成部分统筹用于城市轨道交通建设资本金支出及运营补助
上海	(1)轨道交通场站及周边土地的综合开发利用收益用于支持轨道交通可持续发展。 (2)轨道交通建设主体所得的综合开发利用收益,优先用于轨道交通建设和运营维护

4）实施组织领导

为全力支撑站城一体开发项目推行,各个城市均以市政府牵头成立综合开发利用工作领导小组,由市长或主管副市长亲自挂帅,由主要相关部门领导担任副组长,所有相关部门均参与担任小组成员,多方统筹形成合力,保障开发项目工作的实施推进(表7-5)。

部分城市组织领导政策 表7-5

城　市	组织领导政策
南京	市政府成立轨道交通场站及周边土地综合开发利用工作领导小组,市政府主要领导为领导小组组长,市政府常务副市长、分管城建的副市长为领导小组副组长,市各相关职能部门、各区(园区)、地铁集团主要领导为领导小组成员,统筹协调与轨道交通场站及周边土地综合开发利用工作有关的规划控制、土地收储、开发建设等工作
南通	(1)成立轨道交通综合开发工作领导小组,由市政府主要领导担任组长,分管领导担任副组长,市监察、市发改、司法、财政、自然资源和规划、住建、市政和园林、审计、国资、行政审批等相关部门和单位以及所属县(市)、区政府(管委会)和轨道交通经营单位主要负责人为成员,统筹组织推进轨道交通综合开发工作。 (2)领导小组下设办公室,市政府分管领导兼任办公室主任,联系副秘书长兼任办公室常务副主任,其他副主任和专门工作小组按需设立,办公室与市城市建设重大项目办公室合署办公,负责轨道交通综合开发的政策制定、计划安排、进度督查、绩效考核等工作
郑州	由市政府统筹,市发展改革委、市财政局、市资源规划局、市城建局、市土地储备中心、各开发区管委会、各区县(市)人民政府及郑州地铁集团等有关单位参与,成立轨道交通综合开发领导小组,负责轨道交通综合开发的立项审批、资金保障、规划审批、土地管控、征收安置、工程协调等各项工作
成都	将轨道交通场站综合开发工作纳入市政府目标绩效考核内容,严格考核工作,确保取得实效
重庆	设立城市轨道交通综合开发领导小组,由市政府常务副市长任组长,分管副市长任副组长,市政府有关部门、相关区政府(管委会)、重庆交通开投集团主要负责人为领导小组成员,领导小组办公室设在市住房城乡建委,负责领导小组的日常工作
上海	在市轨道交通指挥部下设轨道交通场站及周边土地综合开发利用工作领导小组,由指挥部总指挥兼任领导小组长,市相关部门和单位作为领导小组成员,加强总体层面的统筹协调,推进综合开发与轨道交通项目同步实施

5）相关政策支撑

各市政府也在政策方面明确了站城一体项目优先的实施原则,对已出现、前期考虑到的问题提前研究,形成政策支持文件(表7-6)。对实施过程中面临的新问题、与现行政策存在冲突的情况,要求各相关单位依据现行法律及规定,灵活制定应对政策,对于难点问题及时特事特办,保障站城一体开发项目在合法合规的环境下顺利推进。

部分城市土地政策支撑　　　　　　　　表7-6

城　市	土地政策支撑
南京	(1)市各相关部门在轨道交通场站及周边土地综合开发利用项目的规划、审批、建设、运营过程中,要积极给予支持。 (2)根据国家相关法律法规,由建设、规划等部门制定轨道交通场站开发利用建设导则,明确符合综合开发利用实际的建设管理标准。由市国土部门研究制定轨道交通土地使用权作价出资方案,尽快报市政府批准实施
南通	(1)市各相关部门在轨道交通场站及周边土地综合开发利用项目的规划、审批、建设、运营过程中,要创新工作思路,优化审批流程,制定支持政策和操作办法,保证轨道交通综合开发工作顺利推进。 (2)涉及轨道交通综合开发的相关事宜原则上由市级层面统一审批,重大综合开发项目列入市级重点工程
上海	(1)市各相关部门在轨道交通场站及周边土地综合开发利用项目的规划、审批、建设、运营过程中,要积极给予支持,明确各自的责任分工,确保上盖开发各项工作得到有效落实。 (2)制定符合综合开发利用实际的建设管理标准,研究鼓励轨道交通场站综合开发和土地复合利用等方面的政策,支持综合开发利用尽快取得成效,场站预留结构的证照办理可参照重大工程管理模式

7.1.3　政策汇总

本节主要对各个城市落实站城一体开发的政策进行汇总,具体见表7-7。

政　策　汇　总　　　　　　　　表7-7

序号	发文机构、城市	发布时间	文件名称
1	国务院	2018年7月13日	《关于进一步加强城市轨道交通规划建设管理的意见》
2	国务院	2014年7月29日	《关于支持铁路建设实施土地综合开发的意见》
3	北京	2015年3月27日	《北京市人民政府关于创新重点领域投融资机制鼓励社会投资的实施意见》

续上表

序号	发文机构、城市	发布时间	文件名称
4	北京	2018年12月23日	《关于加强轨道交通场站与周边用地一体化规划建设的意见》
5	天津	2015年2月1日	《天津市轨道交通管理规定》
6	天津	2018年12月13日	《落实进一步加强城市轨道交通规划建设管理重点任务工作方案》
7	天津	2019年12月31日	《关于印发推进天津市轨道交通场站及周边土地综合开发利用实施意见(试行)的通知》
8	石家庄	2019年	《石家庄市轨道交通沿线土地综合开发实施办法》
9	大连	2019年9月11日	《关于进一步支持城市轨道交通建设发展的意见》
10	沈阳	2017年9月28日	《沈阳市地铁建设与运营管理条例》
11	长春	2015年6月11日	《长春市轨道交通管理条例》
12	哈尔滨	2009年5月12日	《哈尔滨市地铁工程建设关联用地专项管理暂行办法》
13	上海	2016年10月7日	《关于加快实施本市轨道交通车辆基地及周边土地综合开发利用的意见》
14	上海	2020年4月9日	《关于加强容积率管理全面推进土地资源高质量利用的实施细则(2020版)》
15	上海	2017年11月17日	《上海市城市更新规划土地实施细则》
16	南京	2015年10月20日	《市政府关于推进南京市轨道交通场站及周边土地综合开发利用的实施意见》
17	苏州	2021年7月30日	《关于加快推进苏州市轨道交通场站及周边土地综合开发利用的实施意见》
18	无锡	2020年9月25日	《无锡市轨道交通条例》
19	徐州	2019年7月26日	《徐州市轨道交通条例》
20	常州	2019年5月30日	《常州市轨道交通条例》
21	南通	2021年5月7日	《关于推进轨道交通场站及周边土地综合开发的实施意见》
22	杭州	2018年6月19日	《杭州市城市轨道交通地上地下空间综合开发土地供应实施办法》

续上表

序号	发文机构、城市	发布时间	文件名称
23	杭州	2020年10月26日	《杭州市人民政府关于推进轨道交通可持续高质量发展的实施意见》
24	温州	2020年7月27日	《温州市人民政府办公室关于轨道交通沿线土地综合开发的实施意见》
25	温州	2019年12月27日	《关于加快未来社区规划建设的实施意见》
26	宁波	2016年3月16日	《关于推进城市轨道交通可持续发展的实施意见》
27	宁波	2020年4月26日	《关于高质量推进未来社区试点建设工作的实施意见》
28	绍兴	2019年12月27日	《关于加快推进绍兴市未来社区建设的实施意见》
29	合肥	2019年10月18日	《关于轨道交通场站综合开发的意见(试行)》
30	芜湖	2021年3月1日	《芜湖市轨道交通管理办法》
31	厦门	2020年9月25日	《厦门市深化轨道交通沿线开发建设投融资体制改革实施意见》
32	福州	2016年12月2日	《福州市轨道交通条例》
33	南昌		《南昌市轨道交通站场及周边土地综合开发实施办法(在编)》
34	南昌	2015年11月20日	《南昌市轨道交通条例》
35	青岛	2020年8月23日	《青岛市轨道交通土地资源开发利用管理办法》
36	济南	2018年8月8日	《济南市人民政府办公厅关于加快推进轨道交通建设与发展的实施意见》
37	烟台	2020年9月30日	《关于推进城市轨道交通场站及站点周边土地综合开发利用的实施意见(征求意见稿)》
38	郑州	2021年5月14日	《郑州市城市轨道交通场站及周边土地综合开发实施管理办法(暂行)》
39	洛阳	2021年8月5日	《关于城市优先发展公共交通的实施意见》
40	洛阳	2021年7月16日	《关于推进城市轨道交通可持续发展的实施意见》
41	武汉	2016年12月13日	《关于加强轨道交通场站及周边土地综合开发利用工作的通知》
42	长沙	2013年5月1日	《长沙市轨道交通管理条例》

续上表

序号	发文机构、城市	发布时间	文 件 名 称
43	广东省	2012年1月19日	《关于完善珠三角城际轨道交通沿线土地综合开发机制的意见》
44	广州	2017年3月14日	《广州市轨道交通场站综合体建设及周边土地综合开发实施细则(试行)》
45	深圳	2015年1月1日	《深圳市地铁空间综合开发与登记暂行办法》
46	东莞	2018年11月2日	《东莞市轨道交通站场TOD与TID规划研究技术指引(试行)》
47	佛山	2021年6月15日	《佛山市轨道交通场站及周边土地综合开发实施办法》
48	南宁	2019年12月4日	《南宁市城市轨道交通综合开发建设用地使用权作价出资管理办法(征求意见稿)》
49	重庆	2020年11月3日	《关于推进主城都市区城市轨道交通区域综合开发的实施意见(试行)》
50	成都	2021年6月4日	《成都市轨道交通场站综合开发用地管理办法》
51	贵阳	2014年9月13日	《贵阳市城市轨道交通国有土地使用权作价出资暂行办法》
52	昆明	2018年9月21日	《轨道交通管理条例》
53	西安	2019年11月22日	《西安市轨道交通用地综合开发规划和土地供应暂行规定(试行)》
54	兰州	2017年10月25日	《兰州市轨道交通周边国有土地使用权作价出资入股实施办法》
55	乌鲁木齐	2018年10月9日	《乌鲁木齐市轨道交通管理条例》

7.2 站城一体设计标准及规范

7.2.1 总体情况

随着经验的不断积累,站城一体开发项目的规划设计正在趋向规范化。国家层面，自然资源部及住建部分别主导给出相应的设计导则，其中自然资源部主编的《轨道交通地上地下空间综合开发利用节地模式推荐目录》是对国内车辆段成功上盖开发的案例汇编，住建部的《城市轨道沿线地区规划设计导则》则是对沿线地区开发的技术要求总结，站城一体项目可以部分参考。另外，相关行业组织也在近两年陆续编制更加具体的站城一体项目设计指引，中国城市规划学会的《城市轨道交通站点周边地区设施空间规划设计导则》提及了对站城一体开发项目的要求；而中国城市公共交通协会联合中国房地产业协会在2020年发布的《城市轨道TOD综合开发项目通用技术规范》及《城市轨道TOD综合开发项目评价标准》则明确聚焦站城一体开发项目，从项目选址、功能布局、交通接驳、空间塑造、运营管理、信息科技与技术创新6个方面，提出了城市轨道站城一体综合项目规划设计原则、系统控制指标、各要素技术指引，对城市轨道站点周边开发项目的规划、设计与管理具有指导意义。

城市层面，各个城市在近3年内陆续发布了适合本市情况的设计导则，包含对轨道交通沿线地区的设计指引、对具体地块项目的规划设计指南以及对相应规划修编的方法指导。

7.2.2 具体情况

目前发布的各项标准导则可以分为沿线地区的规划设计指引以及具体项目的设计指引两类。

1）沿线地区规划设计指引

沿线地区规划设计指引是从宏观层面，站在轨道交通建设的角度对沿线地区的城市规划、城市设计提出一体化发展要求，主要包括功能结构、土地使用与建设强度、道路网络、换乘设施、轨道站点出入口及步行系统等方面，对各层次城市规划与轨道建设的一体化衔接具有指导意义（表7-8）。

沿线地区规划设计指引汇总 表7-8

序号	发文机构、城市	发布时间	文件名称
1	住建部	2015年11月18日	《城市轨道沿线地区规划设计导则》
2	中国城市规划学会	2020年7月21日	《城市轨道交通站点周边地区设施空间规划设计导则》
3	郑州	2018年6月15日	《郑州市轨道交通段（场）及沿线站点毗邻区域土地综合开发建设导则（试行）》
4	深圳	2014年1月1日	《深圳市城市规划标准与准则》

第7章 城市轨道交通站城一体相关政策标准汇编

续上表

序号	发文机构、城市	发布时间	文件名称
5	南宁	2021年	《南宁轨道交通TOD规划设计导则》
6	西安	2019年2月22日	《西安轨道交通与城市融合设计导则》

2）具体项目规划设计指引

具体项目的规划设计指引则是从微观层面，站在具体站城一体开发实施项目的角度对地块开发所需要满足的设计要求、所需要承载的公共功能予以明确（表7-9），提倡开发项目在设计、建造和使用的全寿命周期内，统筹考虑与轨道站衔接、公共交通换乘、城市功能集聚、社区服务配套以及公共空间的建设与管理；鼓励通过项目开发带动城市发展、促进社区繁荣并提升轨道客流量，并从上述角度出发，对项目进行综合评价。

具体项目规划设计指引汇总　　　　表7-9

序号	发文机构、城市	发布时间	文件名称
1	自然资源部	2020年1月19日	《轨道交通地上地下空间综合开发利用节地模式推荐目录》
2	中国城市公共交通协会	2020年9月27日	《城市轨道TOD综合开发项目通用技术规范》
3	中国城市公共交通协会	2020年9月27日	《城市轨道TOD综合开发项目评价标准》
4	北京	2020年9月7日	《北京城市轨道交通车辆基地综合利用规划设计指南》
5	上海	2014年	《上海市轨道交通车辆基地综合开发建设管理导则（试行）》
6	郑州	2021年3月25日	《郑州市轨道交通段（场）及站点上盖物业综合开发控制性详细规划编制细则(试行)》

7.3 相关城市站城一体规划编制工作

在日趋完善的政策及技术标准指引下，近年来各城市路线开展站城一体专项规划编制工作，见表7-10。

143

相关规划工作汇总　　　　　　　　　　　表 7-10

序号	发文机构、省市	发布时间	文件名称
1	石家庄		《石家庄市轨道交通 TOD 专项规划（在编）》
2	南通	2021 年	《南通市轨道交通沿线综合开发规划》
3	温州	2021 年 8 月 4 日	《温州市"十四五"城市轨道交通 TOD 整体发展专项规划》
4	广东	2012 年 3 月 19 日	《珠三角城际轨道站场 TOD 综合开发规划》
5	重庆	2020 年 12 月 1 日	《主城都市区城市轨道交通 TOD 综合开发专项规划》
6	成都	2021 年 3 月 20 日	《成都市轨道交通 TOD 综合开发战略规划》

第8章

国内外站城一体规划设计优秀案例

自 20 世纪 20 年代日本开始探索轨道交通站城一体发展模式以来,国内外已经有很多城市或地区取得了此种规划模式的成功。线网层面,城市轨道交通与城市发展规划相互融合、相互推动;线路层面,轨道线路与沿线用地功能紧密结合;车站层面,将多维城市功能加入单一的交通功能中,促成城市、区域的站城一体发展。本章将对本书前文所提香港、新加坡、哥本哈根等城市的规划经验,以及济南、深圳、北京、佛山等地线路、车站的规划建设理念进行详细介绍,为相关规划设计提供借鉴及参考。

8.1 线网层面案例

8.1.1 丹麦哥本哈根

1) 区域概况

哥本哈根是丹麦王国的首都,是全国最大的城市,也是丹麦的政治、经济、文化及交通中心,是著名的自行车之城。2019 年经济学人智库公布的"全球宜居城市指数"报告中,哥本哈根排名全球第 9 位。

大哥本哈根地区人口 185.8 万人,其中城区(包括哥本哈根市、腓特烈斯贝市)人口 74.2 万人,城区面积 90.1km²。

哥本哈根现有 S-tog(市郊铁路)线路 7 条、轨道交通线路 4 条。如图 8-1 所示,2014 年,哥本哈根市 20% 的出行由公共交通完成,另有 30% 的出行依靠自行车。

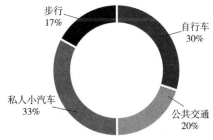

图 8-1　哥本哈根市 2014 年出行结构比例

2) 站城一体规划

站城一体融合发展作为一种理想的城市可持续发展模式,已被众多城市采用,其中以丹麦哥本哈根市较为著名。

1947 年,哥本哈根提出"手指形态规划",并在 1948 年出版的《首都地区规划建议》(*Skitsefoslag Til Egnsplan For Storkbenhavn Udaebjdet* 1947 *AF Egnsplamkotoret*)中正式公布。该规划提出,将建设外围城区以阻止老城区的无休止蔓延,并沿放射状铁路干线规划开发廊道,廊道间打造自然林地、农田、河流等形成楔形绿色分隔以限制规划廊道,形成"指状城市(Finger City)"。

半个世纪以来,哥本哈根一直按照规划建设城市,尽管整个城市的规划体系涉及多级政府,需要多层规划,但得益于城市开发廊道间的楔形绿带,"指状城市"的整体形态依然得以保持。

(1)轨道交通与城市融合发展。

在哥本哈根的城市规划中,城市轨道交通线路为支撑"指状城市"发展的主要骨架,城市开发廊道的辐射由手掌——中心城区,指向手指方向——外围城区。哥本哈根轨道交通线路与城市开发廊道位置关系如图8-2所示。

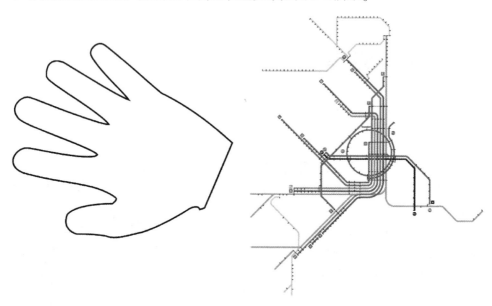

图8-2 哥本哈根城市轨道交通线路形状对比(线路图来源:copenhagencard 官方网站)

城市轨道交通与城市融合发展格局可以保证新开发地区的交通便捷性,外围城区可以方便地通过轨道交通实现与中心城区的联系;以轨道交通线路为骨架的廊道使得周边土地开发较集中,有利于用地效率的提升,同时也有利于城市基础设施利用效率的提升;走廊间的楔形绿带维持了城市生态环境的平衡,也起到了限制土地无节制开发的作用;放射式开发廊道由中心城区发出,在城市扩张的同时保护了中心城区原有的集聚功能。

(2)城市轨道交通建设与土地开发相互推动。

站城一体的规划理念将交通系统的建设与周边土地的开发有效结合,土地开发为交通系统吸引客流,交通系统为沿线土地运送客流。

哥本哈根的城市规划中明确提到,承载重要功能的区域开发均要求设置在城市轨道交通车站半径1km范围内,同时,大型办公场所的选址需限制在城市轨道交通车站半径600m范围内,此项规定不仅方便了人们的出行,由此也减少了城市内小汽车的使用,进而实现绿色低碳生活,保护生态环境。

在交通设施的建设方面,除去作为骨干网络的城市轨道交通,哥本哈根还建设了完善的接驳设施,包括友好的步行及自行车设施,以及常规公交线路的服务覆盖。1994年哥本哈根政府有关部门对部分城市轨道交通车站进行的出行方式调查显示,在车站半径1km范围内,主要接驳方式为步行,占比在38%~100%之间;在车站半径1~1.5km范围内,主要接驳方式为自行车,占比在40%左右;在车站半径1.5km范围外,机动化出行占主导地位,其中公共交通方式占比40%~50%;即便在车站半径2.5km范围内,自行车接驳方式的占比仍然有30%,超过小汽车接驳的19%。在部分新城的中心区,设置了小汽车禁行区域,该区域的出行仅由步行、自行车及常规公交承担。土地开发集中于城市轨道交通车站的规划理念保障了该区域出行的便捷性。而也正由于土地开发的集约性,人们更倾向于选择居住或工作在车站附近,轨道交通由此收获大批通勤客流,新城范围内也在一定程度上实现了职住平衡。

8.1.2 新加坡

1) 区域概况

新加坡是"亚洲四小龙"之一,毗邻马六甲海峡的地理优势使其成为亚洲金融中心及交通枢纽。国家位于东南亚马来半岛南部,国土面积724.4km²,包括新加坡岛及其他63个小岛,新加坡岛面积641.10km²,占国土面积的88.5%。

新加坡为城市国家,全国共分为中区、西区、北区、东北区和东区5个行政区。全国人口568.58万人,人口密度0.78万人/km²,是世界上人口密度最高的地区之一。

新加坡轨道交通线路图如图8-3所示,线路总长232.3km,包括轨道交通线路6条,长度共203.5km,以及轻轨线路3条,长度共28.8km。

2) 站城一体规划

(1) 轨道交通与城市融合发展。

20世纪70年代,新加坡小汽车出行比例达到50%,城市交通拥堵严重。1971年,新加坡政府为解决中心城区的过度拥挤,以及城市向外围的无序蔓延,并缓解土地与人口之间的矛盾,制定了全岛概念发展规划。该规划提出,将建设卫星城缓解南部中心城区人口压力,并保留中央水资源汇集地以发展城市生态系统。樟宜机场等交通基础设施也在1971年的全岛概念发展规划中提出。此外,新加坡将城市轨道交通系统与卫星城的建设结合,将新城沿城市轨道交通线路分布,并且每一个新城都将结合著名的新加坡公共住宅建设计划(Housing Development Board),在新城中心集中建设高密度住宅区,以高层公共住宅为主,分担中心城区人口压力。1987年,新加坡大运量城市轨道交通(Mass Rapid Transport,MRT)线路开始建设,得益于MRT与卫星城建设的良好结合,在MRT线路开通之初就承担了新加坡城内20%左右的通勤客流,而随着卫星城高密度的土地开发与轨道交通线路建设的不断推进,以及接驳公交线路的设置,MRT现已承担城市内60%的通勤客流。

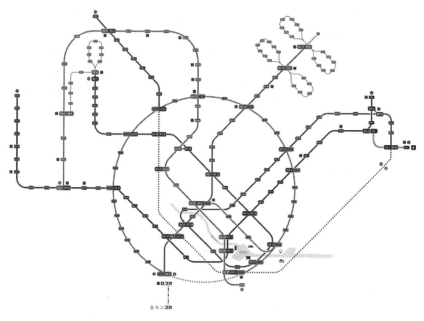

图8-3　新加坡轨道交通线路图(来源:新加坡Land Transport Authority官方网站)

1991年,新加坡发展规划再一次迎来更新,继将居住功能由中心城区分散至卫星城后,新加坡政府进一步化解城市土地与人口之间的矛盾,将中心城区的部分商业与服务设施转移至卫星城,并在西部工业园、商业中心、产业园等西部就业集中地区建设完善的居住设施,以减少就业者的交通需求,以职住平衡的方式提升城市轨道交通网络在高峰期的使用效率,减轻城市轨道交通系统运行压力。

(2)车站与城市一体规划。

2011年,新加坡政府再次更新城市概念发展规划。如图1-3所示,新加坡政府在城市轨道交通车站上盖综合体建筑,规划混合型功能如商业、办公、居住、公共活

第8章 国内外站城一体规划设计优秀案例

动等,卫星城的站点附近设置多条接驳公交线路站点以及小汽车停车换乘(P+R)停车场。

中心城区城市轨道交通站点较密集,车站结合商业、办公进行综合开发较多,并且设置与周边建筑物连通的通道,方便城市轨道交通与周边地块接驳。

在外围卫星城,城市轨道交通车站周边多数已进行高密度高层住宅开发,车站上盖商业、休闲娱乐等功能的综合商业体,并规划完善的社区活动中心。

此外,新加坡通过整合各种交通方式,以提高整个交通运输系统的使用效率。新加坡公共交通系统包括:承担大运量交通走廊客流的城市轨道交通(MRT)、接驳完善MRT网络的轻轨运输系统(Light Rail Transit,LRT)、承担轻量级交通走廊补充城市轨道交通网络的地面公交、负责更高等级公交服务的高速公交车(premier bus)等。

见表8-1,使用城市公共交通出行的人次占全部出行方式的一半,在使用城市公共交通方式出行的人次中,61.9%选择了乘坐MRT,其中又有56.3%使用公交车接驳MRT,36.8%仅依靠走路接驳MRT,另有少部分人选择小汽车或其他交通方式与MRT换乘。作为高人口密度的特大型城市,新加坡多重交通方式整合利用的方式使各交通方式均发挥了其最大的优势。

2010年新加坡通勤交通方式比例　　　　　表8-1

方　式	百　分　比	大类内百分比
仅公交车	19.3%	38.1%
仅MRT	11.5%	22.7%
MRT与公交车	17.6%	34.8%
MRT与小汽车	0.8%	1.6%
MRT与其他	1.4%	2.8%
城市公共交通总计	**50.6%**	**100%**
出租汽车	1.3%	4.1%
小汽车	24.8%	77.5%
私人出租汽车	3.6%	11.3%
货车	2.3%	7.2%
私人机动车总计	**32.0%**	**100%**
摩托车	3.8%	21.8%
其他交通方式	6.2%	35.6%
步行或在家工作	7.4%	42.5%
其他总计	**17.4%**	**100%**
全方式总计	**100%**	**100%**

8.1.3　中国香港

1）区域概况

中华人民共和国香港特别行政区位于中国南部,包括香港岛、九龙、新界及其他262个离岛,陆地总面积1106.34km^2,其中香港岛80.68km^2,九龙46.94km^2,新界978.72km^2。2020年底,香港特别行政区人口747.42万人,人口密度6755.79人/km^2,是世界上人口密度最高的地区之一。

香港轨道交通线网如图8-4所示,现有10条线路,服务港岛、九龙及新界。其中,东铁线连接罗湖站和落马洲站的边界,联系香港和深圳。轻铁网络为新界西北部屯门、兆康、天水围、元朗等站的社区提供服务。

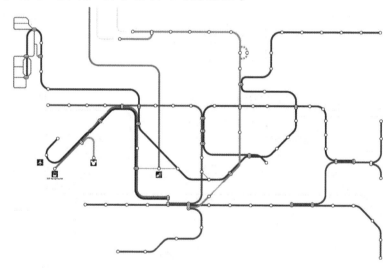

图8-4　香港轨道交通线路图(来源:香港地铁官方网站)

2）站城一体规划

香港轨道交通始建于20世纪70年代,它既可以在新城和中心城之间形成有效连接,同时,通过城市轨道交通站点、线路的布局,又可以控制新城的发展规模,限制新城发展空间,对城市人口分布、土地开发利用、城市形态等都具有重要意义。

《全港发展策略(Territorial Development Strategy,1984年)》等作为香港城市发展的策略性文件,是香港成功打造站城一体规划模式城市发展的奠基,对香港轨道交通的发展影响深远。近20年以来,香港不断投入大量人力物力进行交通基础设施建设,同时注重交通运输及运营管理等政策、规划性研究,使得香港的交通运输发展成就显著。

根据城市交通状况的不断变化,香港从 1976 年开始编制《香港整体运输研究(Comprehensive Transport Study)》,不断更新城市交通运输规划。

《第一次总体运输研究(First Comprehensive Transport Study,CTS-1)》对土地资源利用进行了规划,但是并未将土地利用纳入交通规划的制定依据。

《第二次总体运输研究(Second Comprehensive Transport Study,CTS-2)》将土地资源利用及城市道路网、城市交通规划相结合,整合交通与土地的关系,确立了土地利用与交通系统协调推进的模式。

《第三次总体运输研究(Third Comprehensive Transport Study,CTS-3)》统筹各种交通运输方式,使整个交通系统可以发挥更大的效益。CTS-3 中明确提出要优先建设轨道交通的总原则,以此来保持城市中心区原有的功能和活力。

CTS-3 制定完成当年,香港亦公布了长远运输策略,策略提到的"五项指导原则"中,第一条——更妥善地融合运输与城市规划,以及第三条——更完善的整合公共交通服务和设施,均提到了城市发展的站城一体规划模式。

融合运输与城市规划的具体做法包括:铁路沿线地区进行高密度发展,吸引附近出行者采用轨道交通方式出行;在土地利用规划阶段优先考虑绿色交通出行方式,如改善步行、非机动车通行条件,降低对小汽车出行的依赖性;定期检查往期规划中提出的建设项目,确保项目与城市人口、岗位、土地利用等发展匹配。

香港的公共交通系统中,城市轨道交通处于骨干地位,巴士、出租汽车等其他交通方式作为城市轨道交通网络的补充,需根据各方式的功能,完善各种交通工具之间的换乘连接。主要做法包括:建立综合交通枢纽,整合公共交通信息系统,设置停车换乘(P+R)及下车换乘(Kiss & Ride,K+R)设施等。

(1)老城区改造中的站城融合。

在推进老城区改造的过程中,首先要改善区域的交通条件,其次是调整区域的空间组织形式,调整城市的功能结构。交通,尤其是城市轨道交通,在老城区改造中发挥着重要作用。伦敦、纽约、巴黎、东京等城市在老城区形成了高密度的轨道交通线路。居民出门仅需要 5~10min 就可以到达城市轨道交通站点,轨道交通占据了交通主导地位,香港也处于同样的境地。20 世纪 80 年代中后期,香港经济向第三产业转型,直接导致了老城区的衰落。城市规划过程中,确实需要以城市轨道交通建设为契机,改造老城中心区,确保其仍旧具有强大的吸引力。

为鼓励地产商参与老城区改造,香港提出了鼓励和优惠的分区政策:"轨道交通沿线土地利用,在规划中结合轨道交通车站及其附属设施用地建设,设置综合开发区,促进城市改造和土地利用重组。该区的大部分土地用途为住宅或商业开发,而开发区内将提供政府、机构或其他社区设施、公共交通设施以及休憩用地。为高混合度和高密度土地利用创造条件,促进轨道交通物业一体化沿线地区发展。"此举大大提高了香港老城区轨道交通车站周边的容积率,实现了土地集约利用的目的。

(2)新城建设中的站城融合。

自1973年以来,香港建设了大批新城,共形成9个新区:荃湾、北大屿山、天水围、元朗、上水/粉岭、大埔、屯门、将军澳及沙田。轨道交通以短时、高效缩短了空间上的通行距离,促进了新城与九龙老城区的连接,形成了大网状、节点式的城市结构,为轨道交通客流发展提供有力支撑。建设新城的主要目的是疏散中心区不断增长的人口,开发工业用地。要实现上述目标,需要保证核心区的高密度综合开发,并确保核心区外低密度的生态环境。

(3)综合交通模式。

在现代城市综合交通系统中,城市轨道交通系统是一种廊道式交通系统,而地面公交和私人交通系统则是一种集散式交通系统。以轨道交通为主干、其他公共交通为支线的树状空间结构可以将两种模式的交通系统整合在一起。城市轨道交通网络在不断完善,城市公共交通网络也应不断调整,使城市综合交通系统始终保持合理的树状结构,使所有交通方式可以紧密配合,从而发挥最大的效益。

20年来,香港制定并发布了3项综合交通规划,大部分规划项目都得以实施,形成了以城市轨道交通为骨干、多种运输方式并行的综合运输系统。利用城市轨道交通建设,形成以城市轨道交通为骨干、常规公交为主体的城市综合交通模式(图8-5)。这种交通模式的关键在于,以公共交通为客运主体,优先发展轨道交通,并协调多种交通方式。

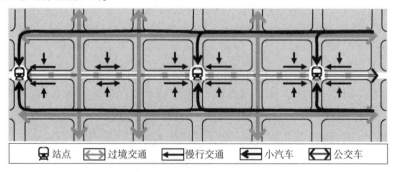

图8-5 利用轨道交通实现交通网络整合示意图

8.1.4 小结

线网型站城一体规划主要着眼于城市层面,从城市规划角度对城市轨道交通车站及城市功能进行整合。哥本哈根的"手指形态规划"是著名的城市规划成功案例,其坚定的规划政策落实为其城市规划的成功打下了坚实的基础。事实上,不仅是哥本哈根,新加坡、香港等城市及交通融合规划的成功均基于对城市规划的严格执行,虽在不断调整,但总体规划思路及目标引领了整个城市的规划发展。

其次,从城市角度,轨道交通与城市发展相互弥补,为城市与车站一体化的根本思路。城市发展骨架与轨道交通线路一脉相承,不仅有利于城市发展的延伸与控制,也为城市居民的生活带来便利。新加坡的职住平衡体系也是基于城市与轨道协调发展,再基于车站的发展对其个体进行综合开发,最终达到城市轨道交通带动城市发展的目标。

最后,整个城市的交通体系也为站城一体规划的重要一环。城市轨道交通、公交车、出租汽车、私家小汽车、非机动车、步行,每一种交通方式均有其独特的特点。城市发展以轨道交通线路为骨架,则轨道即为城市交通的主干,其他公共交通为支干,再辅以慢行交通打通"最后一公里",城市综合交通体系由此建成。

8.2 线路层面案例

8.2.1 济南轨道交通 6 号线

1)线路概况

2015 年,济南市启动了轨道交通线网修编,成果已纳入城市总体规划并获得批复。根据线网修编,线网方案由 8 条线构成,分为快线和普线两个功能层次,完整覆盖"一城两区",增加居民出行的可达性和便捷性,能够发挥良好的网络整体效益。

济南轨道交通 6 号线(以下简称 6 号线)为济南市轨道交通线网中贯穿主城区的东西向骨干线,沿城市最重要的东西向发展轴而规划。线路全长 39.1km,全部为地下线路,设一段一基地,分别为位里庄车辆段、梁王车辆基地。如图 8-6 所示,全线共设车站 33 座,其中换乘车站 15 座。

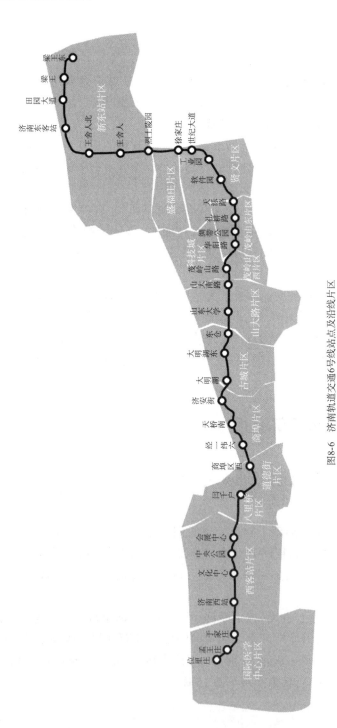

图8-6 济南轨道交通6号线站点及沿线片区

6号线的修建关系到能否促使城市的空间东西拓展,是支撑城市东西主轴形成的关键,是济南线网中的重中之重。线路沿线为济南市主要的客运走廊,也是目前济南市东西方向交通最拥挤、客流最集中的几条道路,连接了济南西站、济南站、济南东站等主要交通枢纽,覆盖主城区,以及旧城商埠区、古城、大明湖、国际金融城、王舍人等城市重要的功能区和商业文化街区。根据客流预测,初、近、远期全日客运量分别为49.9万人次、70.0万人次、101.8万人次。线路开通运营后将具备较好的客流效果,有助于沿线聚集人气,培养居民轨道出行习惯,对后续轨道交通线路的修建起到示范作用。

2) 站城一体规划

《济南市城市总体规划(2011年—2020年)》提出了"一城两区",东西拓展、带状发展的空间战略。"一城"指主城区,由腊山、党家、旧城、燕山、王舍人和贤文6个片区组成。中心城范围大致在南北12~14km、东西16km的范围内,90%以上的居民集中在主城区,其中二环以内就集中了城市人口的77%。6号线西起济南西站片区,横向贯穿了济南市中心城区,包括中心城区西段核心区、中段(老城区段)核心区、东段东部新城核心区(图8-7)。

6号线一体化开发研究通过对车站建筑与周边用地、空间的一体化设计,践行"建轨道就是建城市"的发展理念,实现综合效益的最大化。在宏观层面,将引导城市优化发展、集约使用土地、提升土地价值和优化轨道与城市建设机制;在中观层面,将提升城市建设水准、提升轨道服务效能和增加客流保障;在微观层面,将实现更好的交通出行体验、更好的车站设计以及更好的预留开发衔接条件。

(1) 宏观层面。

济南轨道交通6号线为济南市轨道交通线网中贯穿主城区的东西向骨干线,途经槐荫区、天桥区、历下区、历城区等行政区,线路贯穿济南西部核心区、泉城特色风貌区和东部新城区,串联三大火车站、国际医学科学中心、央企总部城、大明湖、国际金融城、高新产业园区、济南自贸试验区、省企总部城等大型客流集散地和重点发展区域。

6号线的建设运营,缩短了主城区内各大功能区之间的空间距离,促进功能区之间的经济活动和信息交流,产业间得到互补和协助,加大了各中心之间的联系,增强了中心的吸引辐射力度。虽然仅在主城区内部,但通过6号线的连通,强化了高铁副中心和奥体文博副中心的辐射带动能力,而使东部和西部新区又可依托这两个副中心实现自身快速的发展。因此,6号线成为促进东、西城区快速发展的首要条件,成为加速经济活动、加快生成要素流动的催化剂。

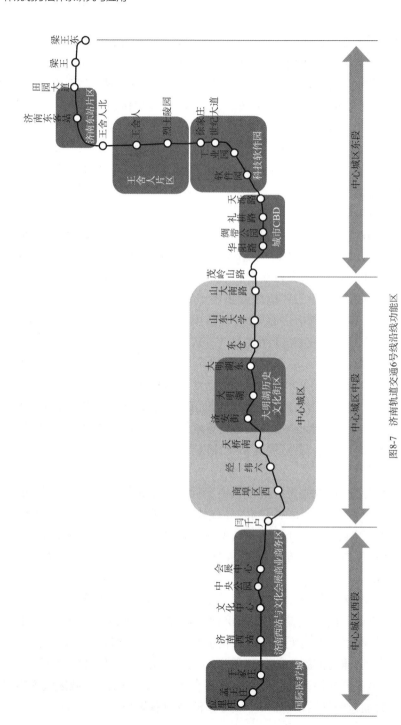

图8-7 济南轨道交通6号线沿线功能区

在交通功能方面,6号线沿线多处重大铁路与长途客运枢纽,是城市门户与客流进出的重要载体。

在城市功能方面,6号线途经西客站商务区、明府城、山东大学、国际金融城、高新区、新东站等城市建设发展中板块,解放桥、茂岭山东、长岭山等规划发展板块,以及部分旧城改造相关区域。沿线开发项目10余个,东部城区规划密集程度、开工率和建设规模远大于西部城区。

(2)中观层面。

①沿线区域人口分布。目前,6号线沿线人口居住热力分布主要集中在主城区区域,此外,沿线东段的王舍人区域也有一定分布,而西段区域目前人口活动较为匮乏。

未来主城区人口将向东西部城区溢出,西客站、CBD-高新区-王舍人、北部城区成为主要承载区,未来住宅需求旺盛。

就业人口扩散的同时重心东移,商埠片区至长岭山片区之间区域成为就业人口最集中区域,将对商业地产发展提供有力支撑。

②沿线商用物业市场发展。济南市优质商务办公项目逐渐形成由传统主城区像东部城区推进和集中发展的趋势,其中,CBD片区承担了济南市2020—2025年规划建成的全部甲级写字楼项目,其中金谷云鼎大厦、黄金时代广场(A座)、复星国际中心、平安金融中心、绿地国金中心与济南尊都是体量超过10万 m^2 的超大型办公产品,巩固CBD片区在城市商务办公功能中的标杆性地位,预示城市未来的商务功能区域将进一步向东部聚集。

对于城市商业市场,位于主城区传统核心区域的泉城路和大观园商圈仍为济南市目前的核心市级商圈,其首层平均租金水平接近15元(m^2/d),空置率皆位于10%以下,商业核心属性领衔全市;与此同时,位于东部城区的奥体商圈和高新商圈在近些年展现出较快的发展势头,奥体商圈的华润万象城、龙湖奥体天街和高新商圈的万达广场等全国头部商场品牌的进驻将两大商圈逐渐树立为城市重点区域商圈,并带动整体东部城区的商业能级发展。

③沿线商业设施规划。6号线沿线的商业设施主要分布在济南市商业发展核心区和商业副中心。商业发展核心区内的站点布置均位于商圈中心北端,济安街、天桥南、东仓站点处于辐射区内;商业副中心的站点分布在腊山商圈(中央公园、会展中心和闫千户站点处于辐射区)、燕山商圈(山大南路、茂岭山路站点处于辐射区),以及特色商业街区(山东大学站点处于辐射区)。

(3)微观层面。

对6号线沿线站点的城市功能、周边交通、用地等维度进行评估,可以判断各个车站进行站城一体规划的潜力,确定闫千户站、商埠区西站、东仓站、山东大学站、山大南路站、王舍人北站6座车站进行微观层面一体化概念设计。

6号线主城区和东部城区相对成熟,可借助城市旧改拆迁带来的开发机遇实施站城一体发展模式。结合轨道交通的建设,可以对道路及沿线用地进行改造和梳理,加大老城区内周边的破旧房屋征地拆迁、对道路进行拓宽改造的实施力度,实现旧城改造与轨道交通同步建设,促进周边区域土地集约化的利用,加大站点周边用地的容积率,提升土地价值,带动旧城改造,促进城市更新。

8.2.2　深圳轨道交通16号线二期

1)线路概况

深圳轨道交通16号线二期(以下简称16号线二期)位于深圳市龙岗区东部组团园山街道,正线全长约9.53km,全部采用地下敷设方式。全线设车站8座,其中换乘站2座,分别为园山站和安良站。园山站与规划19号线换乘,安良站与规划18号线、深汕城际换乘。设西坑停车场一座,出入线接轨站为西坑站。16号线二期沿线主要经过荷坳片区、保安片区、大康片区、安良片区和西坑片区,服务规划的阿波罗未来产业城。

阿波罗未来产业城是深圳市24个重点发展片区之一,龙岗区"4+2"重点区域空间之一,国家军民融合改革创新示范区,是以航空电子、无人机、卫星导航、航空航天材料、精密制造技术及装备、卫星研制等航空航天产业为主的"未来产业园",是龙岗区转型发展的产业驱动核。16号线二期与阿波罗未来产业城关系如图8-8所示。

2)站城一体规划

(1)线路功能定位。

一是强化深港合作,打造东部科技走廊,促进深圳建设中国特色社会主义示范区。16号线二期工程通过衔接18号线、8号线、莲塘口岸,贯通深港轴线,服务深港东部的科技走廊。

二是与18号线、深汕城际在安良站共同构建横岗南枢纽,完善东部枢纽布局,通过安良片

图8-8　16号线二期与阿波罗未来产业城关系

区的站城一体建设,带动东部地区的发展。《深圳铁路枢纽总图规划(2016—2030年)》获得中国铁路总公司、广东省人民政府批复,规划形成深圳北、西丽、深圳站及深圳东、福田、深圳机场、深圳坪山站"三主四辅"客运站布局。其中,深圳东站和坪山站是位于东部组团内部的对外主要枢纽。结合深圳城市轨道线网规划,深圳东部片区将形成"以深圳东站、坪山站为区域东部片区主枢纽,平湖站、大运站、龙城站为组团中心枢纽"的枢纽布局结构。该布局实现了龙岗中心和坪山中心均有枢纽带动发展。其缺点是龙岗南部的横岗、园山片区乃至盐田区均缺乏枢纽带动。横岗南枢纽的建设,将实现龙岗南片区 11min 到达福田中心,1h 内到达深汕合作区,并实现与深圳各大组团中心的快速联系。

三是强化以龙岗、坪山为核心的东部中心与园山、盐田的快速联系,并与 19 号线共同构成东部中心内聚外联的连接线。

四是打通阿波罗片区前往大运中心、龙岗中心城等方向的对外交通通道,缓解惠盐中路拥堵、区域公共交通服务不足的交通现状,满足沿线居民迫切的出行需求。图 8-9 为 16 号线二期工程与片区关系示意图。

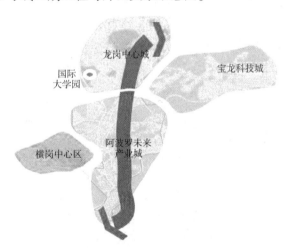

图 8-9 16 号线二期工程与片区关系示意图

五是联系龙岗中心城、大运新城与龙岗南部及阿波罗产业城,增强龙岗中心城、大运新城对横岗、园山片区的辐射及发展带动,助推龙岗"4+2"重点发展区域格局形成,实现龙岗中心"南拓"的需要。在龙岗区"4+2"区域发展格局中,阿波罗未来产业城为重点发展区域之一。受"南北山阻隔、东西水分离"等特殊地理条件的影响,阿波罗产业城的空间发展受阻。16 号线二期工程将助力阿波罗片区发展,推动龙岗"4+2"重点发展区域格局形成。阿波罗未来产业园等重点产业区的发展，将带动龙岗南部荷坳、保安、大康、安良、西坑等片区的城市更新，解决深圳市区域发展不平衡、不充分的问题，落实东部发展战略，加快推动区域一体化发展。

（2）服务范围。

结合《深圳市轨道交通线网规划（2016—2030）》《深圳市轨道交通第四期建设规划（2017—2022年）》，园山街道区域的线网规划呈现"五纵一横"格局，即纵向的3号线、14号线、16号线、18号线和21号线，以及横向的19号线。纵向线路中，3号线、14号线、21号线偏于园山街道的西侧和北侧，设站少，以快速通过为主；18号线服务片区西侧和南侧，为轨道快线，强调的是对外联系功能，对园山片区及阿波罗产业城服务有限。通过对轨道车站800m范围内的服务竞争力分析，确定16号线二期服务的潜在客群。

16号线二期为深圳市东部组团内部普速服务线，线路长度9.53km，共设8座车站。主要穿越的区域为龙岗区园山街道。园山街道片区内有"三山两河"的地理环境，形成"南北山阻隔、东西水分离"的空间形态。虽然生态环境优美，但受山、河、高压走廊等制约，导致交通出行严重不便利（图8-10）。因此，16号线二期服务的潜在客群基本为园山街道内的居民和产业。线路开通后，将弥补片区交通空间上的不便，加强片区与龙岗、横岗等区域的联系，从而有力带动沿线经济发展，提升沿线居民出行舒适度。

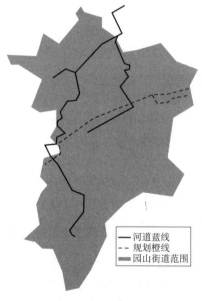

图8-10　阿波罗片区空间被分割示意图

8.2.3 小结

线路型站城一体规划着眼于城市中的某个区域,一般为卫星城、新城等地,目的一般是使外围区域与城市中心形成良好连接。如济南轨道交通 6 号线、深圳轨道交通 16 号线,均依靠城市轨道交通线路串联新城与中心城区、新城与其他功能区,并在新城内形成职住平衡体系。济南轨道交通 6 号线串联起城市东西,沿途穿过多个城市功能区,深圳轨道交通 16 号线增强了龙岗、横岗等组团与阿波罗新城之间的连接。良好的线路站城一体规划将带动新城与中心城共同发展向好。

8.3 车站层面案例

8.3.1 北京苹果园枢纽

1)枢纽概况

苹果园枢纽建设场址位于北京市石景山区中部,北京轨道交通 1 号线西端头,向东距西五环路约 3km。用地北邻苹果园路,南靠阜石路,东侧为金顶东路,西侧为规划一路,是衔接门头沟和市区的节点。

规划用地被东西向的苹果园南路从中间分为北、南两部分——枢纽北区、枢纽南区,其中轨道交通 1 号线苹果园站位于枢纽北区。

苹果园枢纽的建设定位是一座集轨道交通、快速公交、常规公交于一体,包括出租汽车、P+R、非机动车、步行等多种交通方式相互衔接,以换乘功能为主的大型交通枢纽。枢纽工程范围建设用地 4.77hm²,工程总建筑面积 159480m²(其中:枢纽核心功能,面积 93460m²;枢纽配套服务,面积 21635m²;枢纽配套车库,面积 44385m²)。建设工程涵盖:交通枢纽、周边配套道路,涉及与枢纽相关的 3 条轨道交通线(轨道交通 1 号线、轨道交通 6 号线、市郊铁路 S1 线)。枢纽公共交通设施要求:P+R 停车位 400 个;非机动车停车位 2515 个;常规公交到车位 3 个、发车位 6 个、夜间驻车 22 辆;快速公交到车位 2 个、发车位 4 个、驻车 12 辆;出租汽车到发车位 6 个。

2)周边交通情况

(1)周边道路。

现状枢纽东西向城市道路有 3 条,为苹果园路(支路)、苹果园南路(次干路)、阜石路(城市主干道);南北向共 2 条,西端为金顶东街(支路),东端为苹果园大街和杨庄大街(主干路)。

(2)轨道交通。

现状轨道交通 1 号线斜穿过枢纽用地,1 号线苹果园站位于用地北区中部地下;市郊铁路 S1 线与枢纽同期规划,并计划同步实施,位于用地南区北侧地上高架;轨道交通 6 号线西延线亦与枢纽同期规划,已先期开工建设,位于苹果园南路道路正下方地下。

(3)京门铁路。

京门铁路位于用地南区紧邻苹果园南路一侧。

苹果园枢纽周边交通概况如图 8-11 所示。

3)枢纽定位

从交通联结角度,苹果园枢纽是京西重要的枢纽,加快苹果园枢纽的建设,是提高苹果园地区公交服务水平的重要环节。苹果园枢纽在全市交通网络中处于重要位置,是将轨道交通 1 号线的服务范围拓展到京西地区的重要节点。枢纽建成后,不仅能带动石景山交通结构的调整,也有利于完善全市的交通网络体系,带动石景山区与周边其他枢纽相互衔接和整合,共同服务于北京市西部的交通网络。

同时,枢纽地处市区通往潭柘寺、妙峰山、灵山、百花山和法海寺、八大处等旅游景点的"咽喉"位置,它的作用就相当于机场和港口,一方面汇集市区和其他城市的旅游客流,另一方面向各个景点输送客流。枢纽建成后,将充分保障苹果园枢纽作为旅游集散中心的交通设施用地规模,有利于对零散旅客进行重新组合,合并相同目的地的游客,产生集约效益。

从城市发展角度,苹果园枢纽担负着整合周边地段环境的重要使命,不仅要借此契机对苹果园枢纽及其周边地区进行统一规划、合理布局,形成交通枢纽及商业中心区、居住及配套教育区和地区配套商业服务区三大功能分区;而且要以苹果园枢纽为中心,提高城市公共服务设施的聚合,促进土地的集中开发。

苹果园枢纽的建设将真正成为其所处环境区段中的一个开放性环节,除了完成自身特定的功能外,还引入或接受了其他城市职能。枢纽将作为经济发展区域,通过高起点的规划区域布局,把车站的人流、物流、资金流、信息流整合起来,成为城市连锁开发的催化剂,刺激周边地段的整体发展,形成大型或商业群,从而带动西部经济的飞速发展。

第8章 国内外站城一体规划设计优秀案例

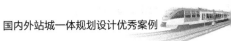

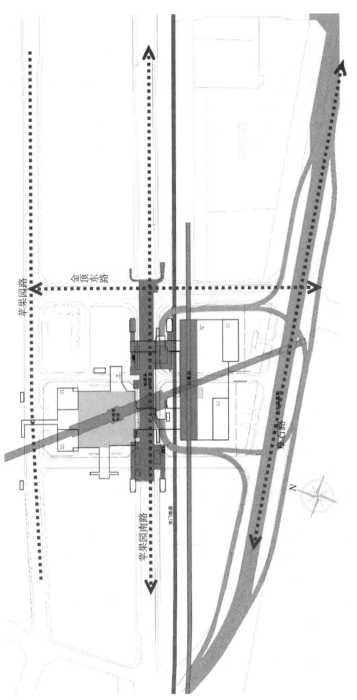

图8-11 苹果园枢纽周边交通概况

4）站城一体规划

（1）总体布局。

总体布局遵循"两核、两轴、三片"的原则，南北三个地块一体化设计，同时带动周边协同发展（图8-12）。枢纽设计突出城市副中心及西部门户的形象，利用金顶山及周边规划绿地、商业形成"两核、两轴、三片"的总体格局；换乘量大的交通方式就近布置，均衡布置，形成中部交通核心区；合理预留南北开发空间，使交通与开发实现一体化功能布局。充分利用周边既有条件，组织交通衔接，形成南北两个换乘核心，有利于车流均衡组织、客流就近换乘。

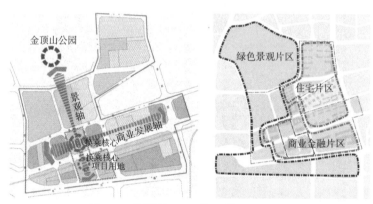

图8-12　苹果园枢纽"两核、两轴、三片"格局

（2）车行组织。

枢纽设计充分利用周边道路资源，均衡布置交通设施，减少地面交通压力，避免道路资源的过度使用。机动车流线组织充分利用地上、地下道路资源，均衡使用道路资源。设规划一路、规划二路为公交专用，避免社会车与公交车相互干扰。如图8-13所示，快速公交利用阜石路高架衔接，快进快出，且将其场站布置于交通核心区中部，保证与各种交通方式的便捷换乘；普通公交靠近既有轨道交通1号线，布置于枢纽北区，各方向公交组织外部绕行最短，利用两侧公交专用路成对设置出入口，减少对外部道路的干扰和枢纽自身交通的冲突，减少地面交通压力。车行出入口设置避开苹果园南路、苹果园路等城市干路及交通瓶颈点，且尽量分散布局。社会车围绕南北开发区分别设置出入口，与枢纽P+R流线及出租汽车停靠相互协调，尽量减少交通流线的相互冲突。

（3）功能布局。

结合交通换乘流线，分层立体设置换乘节点，并结合设置便民服务（图8-14）。结合大的客源点，分层设置换乘空间，串联各交通节点，实现便捷换乘。换乘空间

第8章 国内外站城一体规划设计优秀案例

上充分考虑突发客流的滞留空间,减少安全隐患。同时结合换乘客流的换乘路径,设置便民服务及商业开发,提高项目的经济效益。

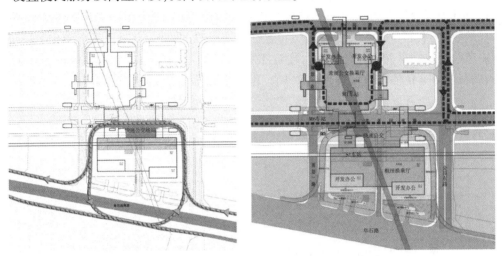

图 8-13 苹果园枢纽快速公交流线(左)和普通公交流线(右)

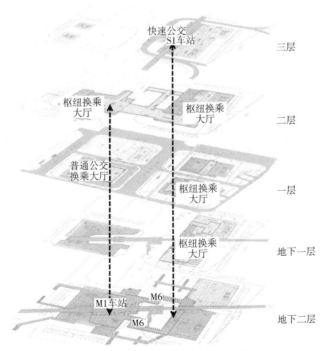

图 8-14 苹果园枢纽换乘布局示意图

167

地铁车站、交通设施、地块开发办公三大功能主体,运营管理界面独立,投资界面独立(图8-15)。各业务用房设置紧邻服务区域,结合各自使用功能特点,合理设置其楼层及位置(图8-16)。结合交通方式运营特点,将普通公交业务用房布置在地块北侧,将快速公交业务用房布置在地块南侧,便于各自就近生产管理。P+R车库复式停车,控制开挖深度,且与开发车库分开设置出入口坡道,便于后期运营管理。P+R停车数量较大(400辆),设计复式停车,减小地下开挖深度,控制投资。P+R与开发车库分开设置汽车坡道,便于后期运营管理(图8-17)。

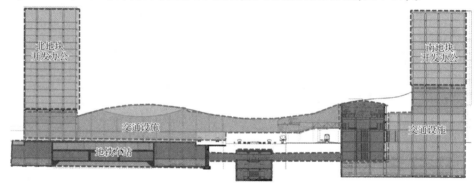

图8-15 枢纽功能主体分布

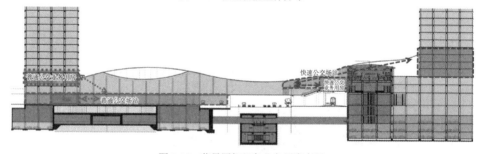

图8-16 苹果园枢纽各业务用房布局

8.3.2 北京霍营枢纽

1)枢纽概况

霍营枢纽位于北京市昌平区回龙观地区南部(图8-18),为轨道交通13A线、8号线及市郊铁路东北环线的换乘车站。其中13A线为城市北部线网加密线,8号线为城市南北骨干线、文化旅游南中轴、东北环线为西北廊道通勤辅助线、长城文化旅游线路、市郊铁路骨干线,以及城市东部通勤线。由霍营枢纽出发,20min可直达或通过一次换乘抵达京北所有重点功能区、综合交通枢纽及重要景区,可达性强,发展潜力强劲。

第8章　国内外站城一体规划设计优秀案例

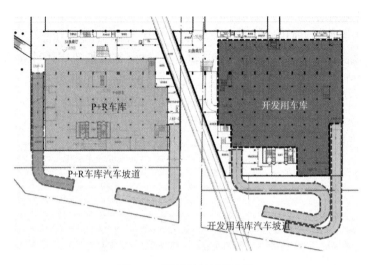

图 8-17　苹果园枢纽车库布局

图 8-18　霍营枢纽区位示意图

2）周边交通情况

如图 8-19 所示，现状轨道交通 8 号线霍营段为地下线，轨道交通 13A 线为地面线，市郊铁路东北环线为地面线。除轨道交通外，霍营枢纽周边分布有霍营公交枢纽站（1.25hm²，8 路公交）、霍营南公交场站（0.5hm²，1 路公交，含公交维护功能）两处公交场站，以及一处占地 1.4hm²、停车位 526 个的停车场。

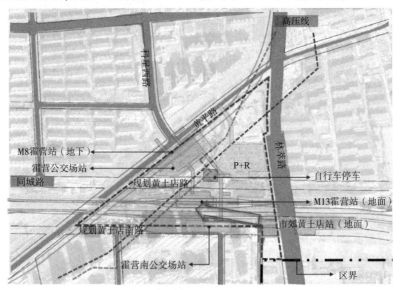

图 8-19　霍营枢纽周边交通设施分布

3）功能定位

霍营枢纽隶属昌平区回天地区内，属于昌平规划一级重点地区。昌平区规划构建"一轴一带一廊、两成一区多点"的空间结构，"一区"意指回天地区。回天地区功能定位为北京功能疏解及城市治理的重点区域，以及服务国家科技创新平台建设的重要节点。发展目标为创建全国小微企业双创基地，孵化科技型中小微企业；促进新城人才聚集，培育创新创业环境；加快与未来科学城互联互通，为高端人才提供就近创新创业机会；与昌平新城、未来科学城等区域形成良好的职住关系。

霍营枢纽地处回龙观区域南部，邻近昌平与海淀区的交界处，宏观区位优势明显。霍营枢纽目前为 8 号线、13B 线、东北环线三线交汇处，如图 8-20 所示，成为区域最核心的交通换乘站点，轨道交通条件便利。随着东北环线的贯通，霍营枢纽将成为串联京西北与市中心的通勤焦点。霍营枢纽 10min 即可直达西二旗区域，15min 即可直达奥体区域，20min 可至望京区域，地处 20min 通勤圈内，吸纳大量中关村软件园区域、奥体区域及望京区域办公人群居住。

第8章 国内外站城一体规划设计优秀案例

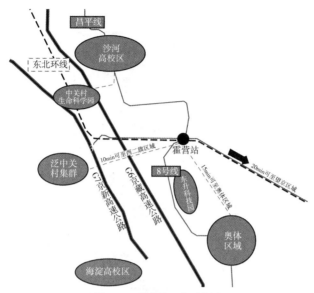

图 8-20 霍营站区位示意图

4）站城一体规划

从区位条件看，霍营枢纽为三线交汇，昌平与市中心连接的重要换乘焦点，东北环线贯通将加速区域产业的连接，改变区域发展格局，枢纽周边区域需承载更多产业溢出的需求；从客群导入看，区域现状人口基数良好，以居住功能为主，聚集大量回迁人员及通勤办公租客，未来轨道交通沿线贯通，双向人口的导入，将进一步加速区域发展职住平衡、功能升级；从市场现状看，TMT［Telecommunications，Media，Technology，未来电信、媒体/科技（互联网）、信息技术］行业发展迅速，已产生大量外溢需求，霍营区域贯通多个产业聚集区，利用交通优势，区域具备承载外溢办公的先天优势，同时区域内商业也存在升级需求。

霍营枢纽规划将依托轨道站点优势，立足区域产业与居住群体需求，在站点位置发展立体化、一体化的商业综合体，最大限度发掘站点与轨道交通价值，打造城市活力"微中心"。

霍营枢纽是北京中心部与郊外的转折点，在这里能够感受工作与居住、紧张与舒缓的切换。

（1）具有功能性、安全舒适、换乘便捷的枢纽空间。

以车站为中心打造交通基础设施体系，以回廊空间为纽带串联地下换乘通道，达到"任何距离，各个方向，人人可用"，促进出行方式转变。霍营枢纽换乘体系如图 8-21 所示。

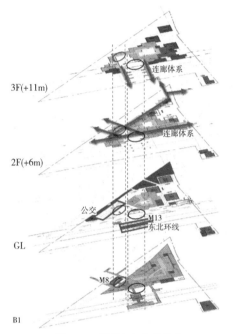

图 8-21 霍营枢纽换乘体系

（2）站城一体开发的枢纽空间。

通过导入多种功能复合的综合设施，打造繁华且多样化共存的魅力街区，吸引多样人群，促进多种活动。同时将城市街区与轨道站点有机融合，打造步行网络，有效提高城市空间回游性。霍营枢纽功能布局示意如图 8-22 所示。

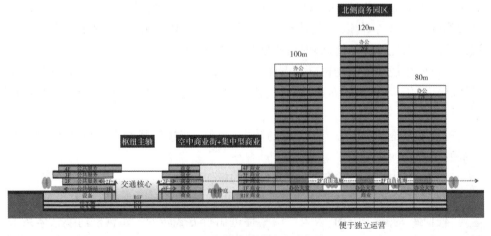

图 8-22 霍营枢纽功能布局示意图

(3)打造能够象征自己家乡的地标设施。

设置具有风格的区域门户形象,极具到达感的大型开放空间,塑造新的城市名片。既有丰富的绿色自然,又有冲击性的城市活力。对于工作一天回家的人,在这里停留,感受时间的流淌,感受回家的氛围。如图8-23所示,枢纽北侧门户,面向黄平路,交通便捷,客流量大,应是魅力多样性的、具有冲击性的门户形象。枢纽南侧门户,以轨道空间为主,客流量小,自然环境充裕,应是绿意盎然的、令人感到安心的车站空间。

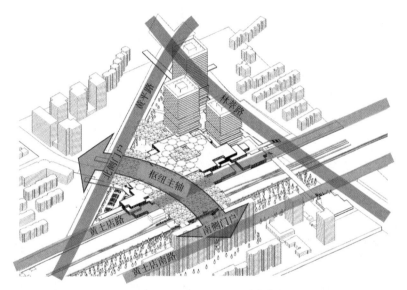

图8-23 霍营枢纽门户设计定位

8.3.3 北京嘉会湖站

1)站点概况

嘉会湖站为北京轨道交通17号线和市郊铁路S6、S7三线换乘站(图8-24),一体化规划范围东至京津城际铁路,西至垡渠公路,北至通惠排干渠,南至六环路。规划用地面积约17.21km²。区域东、北侧是北京经济技术开发区路东产业区和光机电产业园区,南侧为马驹桥物流基地园区。

嘉会湖站地区是立足亦庄、服务京津、面向环渤海的综合创新区,是北京城市发展新的重要机遇区,是亦庄新城未来城市发展的重要综合服务功能区,是引导发展环渤海域高端企业总部聚集的重要功能区。

随着大兴和亦庄开发区的合并,区域的城市发展功能产生了变化,由亦庄新城的服务功能区调整为独立的城市功能区,其发展方向直接面向中心城区,轨道交通

17 号线的设置为地区实现与中心城的快速连通创造了良好的条件,为地区城市功能转型提供了有力的支持。

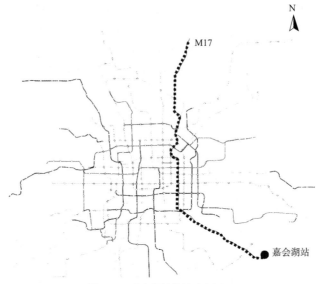

图 8-24　嘉会湖站位置示意图

2) 站点定位

根据《亦庄新城规划(国土空间规划)(2017 年—2035 年)》,亦庄新城地区将规划"一廊、一带、三中心"。"一廊"为京津产业发展走廊;"一带"为区域协同发展带;"三中心"为综合商务服务中心、生态文化休闲中心、科技金融创新中心。嘉会湖站位于科技金融创新中心辐射区内。根据站点周边用地等条件,将站点站城一体规划定位为城市级综合性站点,为城市东部特色会客厅,创新、研发、健康集聚中心。

3) 站城一体规划

(1) 规划策略。

规划策略包括用地强度提升,即提高容积率,适当提升开发强度,尤其是站点周边的一体化区域,结合周边活力商业带与商住混合区,梯次开发,提升区域用地效率;提高建筑限高,即站点一体化区域适当提高建筑限高(80～120m),结合站点打造一级地标、二级地标、三级地标体系。

功能复合集约,即保留绿廊、增建公园、文化休闲、SOHO 办公、人才公寓等,创出舒适生活环境和公共空间。

绿色出行和高效交通,即核心区 300m 范围内通过 3 个维度(地下、地面、天街)进行慢行连接。地下慢行区域连接 3 个轨道站点,地面街坊步道连接各个区域组团,地上通过二层廊道串联各个主要建筑和轨道站点,形成完善和宜人的步行空间。嘉会湖站核心区通过地下、地面和地上 3 个维度进行慢行连接,串联各个轨道站点、功能区和主要建筑,形成完善便捷的慢行体系。

(2)规划方案。

①交通一体化赋能区域活力。换乘通道衔接城市空间。轨道交通 17 号线换乘市郊铁路 S6、S7 线由于换乘距离远,且为非付费区换乘,因此,考虑改善换乘的便捷性,改善换乘空间品质,结合换乘通道增设步行城市廊道,从而实现转化客流变商流,增强周边区域商业活力。嘉会湖站衔接城市层,预留远期换乘空间示意如图 8-25 所示。

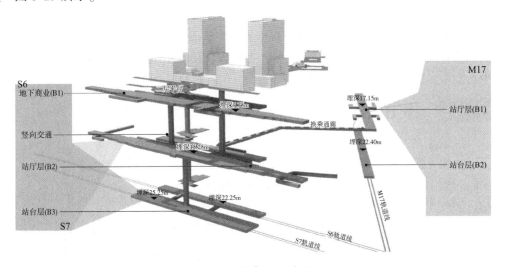

图 8-25 换乘空间示意图

②功能、空间一体化加强区域可达性。

a. 功能一体化:换乘空间衔接商务空间、办公空间、会议展示空间、研发教育空间以及儿童医院。

b. 空间一体化:可通过下沉广场衔接周边商业、会展等展示空间,增强空间导向性,转换客流为商流、观展客流,增强场所的吸引性。可通过中庭空间衔接办公、研发教育等场所空间,由于办公、研发等场所需要前导性的交流空间,因此建议以中庭空间衔接换乘通道与周边地块的办公及研发空间。线性交通空间适合联系目的地性较强的公共空间,因此建议以垂直+水平线性空间衔接目的地性较强的公共空间,建议线性空间衔接周边的儿童医院、公服配套等公共空间。

③景观一体化。城市轨道交通车站内部及附属建筑,如出入口、风亭、无障碍

竖梯等都存在与城市地面环境空间结合相协调的问题。每个城市、区域都有对应的景观文化特色，针对嘉会湖站，应根据亦庄新的功能定位、历史文化特征、地理气候特点、经济发展形势等，对车站相关的环境景观提出适宜性要求。主要有以下3个方面：

a. 场地自然环境的要求：城市是一个多维的立体空间。人文景观，无论地上还是地下，都有与城市自然环境及景观协调的问题。要着重于解决人文景观如何能最大限度地成为场地自然环境的一部分。

b. 周围人文景观的要求：以建筑物、街道、路边的人行道、广场以及高架路为主的城市人文景观，要求环境中景观从形式、色彩、质感、细部处理等方面协调统一，为城市创造良好的人文环境。

c. 城市规划要求的景观功能：景观作为一种非语言的文化符号，可以看作人们活动的背景。不同的色彩、风格、空间尺度等都会赋予场所不同的情调，在潜意识中影响市民的情绪、调节市民的行为。

8.3.4 佛山美的大道站

1）站点概况

美的大道站停车场上盖开发项目位于佛山市顺德区，北滘新城西侧，距广州约20km、佛山约11km。项目位于顺德新兴城市发展区内，邻近广州，区位潜力巨大。站点区位如图8-26所示。

项目周边布局广佛线、轨道交通7号线和3号线，项目紧邻7号线美的大道站，周边设置北滘站和北滘新城站，实现与轨道交通3号线、广佛线换乘（图8-27）；借助轨道的时空优势，可实现与广州南站、佛山新城中心等城市核心区的快速联系，并串联会展中心、中欧中心、装备园等重要功能区。

项目位于总部经济中心和国际会展中心区之间，积聚美的、碧桂园两个世界500强企业；紧邻大学城卫星城核心功能区，可为总部办公、研发创新、国际交流、智能制造等产业提供综合配套服务功能（图8-28）。

2）站点定位

美的大道站位于顺德新城，邻近广州，定位为顺德高端人才集聚区，上盖停车场地块则为服务高端人才的居住配套综合近铁社区。站点以人才集聚、创新创业为主线，积极接受广深港人才辐射溢出，吸引广佛深港人才居住、就业和创业，打造北滘高端人才集聚区，实现"人才+产业+特色小镇"融合发展，服务顺德和佛山，加速顺德融入粤港澳大湾区进程。

第8章 国内外站城一体规划设计优秀案例

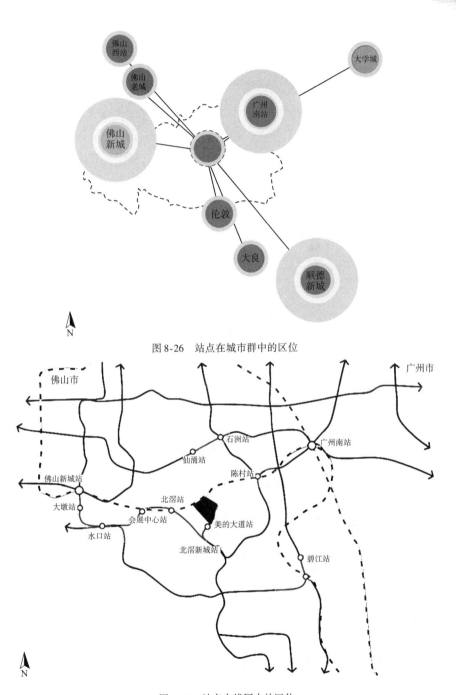

图 8-26 站点在城市群中的区位

图 8-27 站点在线网中的区位

177

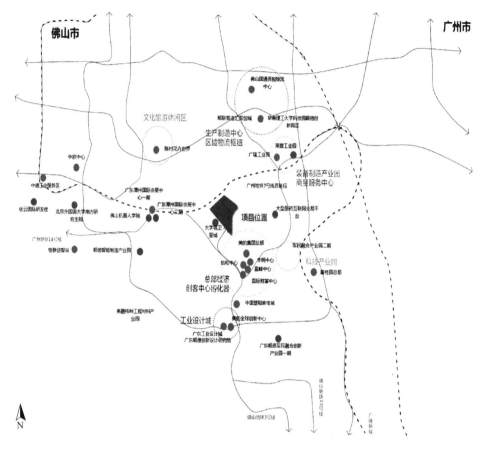

图 8-28　站点周边功能区分布

3）站城一体规划

站点处于广佛同城第一梯队，轨道交通发达。随着广州市场平台价格的持续上涨，站点有条件承接广州外溢客户；北滘作为佛山的产业重镇，产业人口众多，购买实力较强。随着产业升级和政府政策支持，未来首置需求仍持续旺盛。故站点将规划以居住为核心，构筑完善的商业服务配套及交通配套，打造北滘片区综合型服务居住组团。

（1）空间规划。

从空间规划角度，打造城市视觉通廊，将景观导入南侧城市，形成通风走廊；在规划区域内部打造贯通东西、衔接南北的公共活力轴带；沿公共绿廊形成立体复合社区主动脉，连接各项城市功能；多样活动节点网状分布，健康生活全覆盖；轨道交通上盖主题式集中商业引爆活力生活,立体景观轴由内而外拉动整个社区活力,同时整合市政及城市公共服务功能,学校用地立体布局,健身资源社会共享,利用盖板下空间,提供多层次的公共活动空间。

规划围绕轨道站点进行圈层式布局,将公共性、开放性、服务性最强,客流最集中的功能贴邻站点布置;发挥规模效应,基于市场研判打造高端商业中心,塑造区域活力核,提升区域能级,充分实现资源价值;同时创造吸引高端运营商的条件,便于统一运营管理公交、商业、社区服务等多样设施,提升本项目运营期的效益与品质。

(2)交通规划。

交通规划包括增加内部道路,弥补支路系统不足的条件,减少车辆绕行,利用新增3条内部道路解决车辆进出问题,避免市政道路开口过多,缓解道路交通压力;结合外部道路条件及地块分宗,优化进出口位置,使车辆进出更为便捷、高效,交通组织以右进右出为主,部分地块采用进出分离措施,满足进出需求的同时降低对城市道路的影响。根据项目慢行主要出行目的地,包括轨道交通站、公交首末站、云轨站、购物中心、滨水公园和学校等,提供便捷的慢行条件及丰富的景观设计,慢行设施包括景观绿色坡地、扶梯、直梯、二层过街天桥、风雨连廊、非机动车坡道等。结合项目的慢行开口位置及居民的实际需求,优化公交、云轨站点位置,使服务区域内的居民更为便捷的使用,深化公交优先原则,加强交通一体化设计。

(3)规划方案。

如图8-29所示,规划"三轴、五区、多节点":"三轴"即东西向公共活动轴带、两条南北向公共活动轴带;"五区"即东南侧临轨道交通站点的购物中心区、北侧的滨水低密住区、西侧的至臻空中住区、东北侧的乐活馨享住区及中部的绿绕享景居住区;"多节点"即形成多个景观节点空间,提供休憩活动场所。

围绕公共活动轴带形成社区运动休闲公园景观及线形广场景观;北侧打造连续的亲水景观意向,设计滨水长廊、滨水餐饮等景观界面;低密度联排住区内形成通透、亲水的开放景观;北侧高层住宅区内借助上盖高差形成特色立体景观;南侧及东侧高层居住区形成社区内部的生态绿地景观。

8.3.5 小结

从站点角度,站城一体规划以枢纽综合开发及车站上盖为主,同时规划周边交通接驳方式、流线等。上盖商业、住宅,立体化设计,分类布局,各类建筑共享同一基座。商业为城市轨道交通车站综合开发项目,在轨道交通站点周边布置。交通系统的便捷性将直接对车站与城市一体化规划加成,故车站接驳系统也对站城一体规划及落实产生影响。

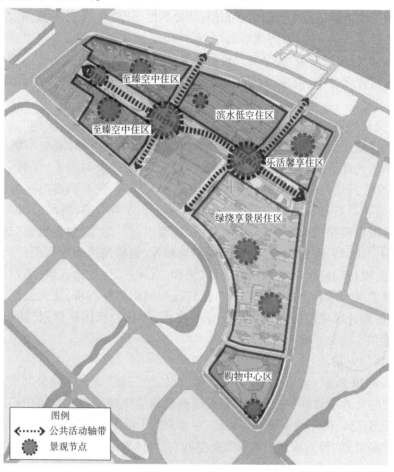

图 8-29 "三轴、五区、多节点"规划示意图

参 考 文 献

[1] 张鑫. TOD 模式及其在我国的应用研究[D]. 成都:西南交通大学,2011.
[2] 丁川,吴纲立,林姚宇. 美国 TOD 理念发展背景及历程解析[J]. 城市规划,2015,39(005):89-96.
[3] LUND H M, CERVERO R, WILLSON R W. Travel Characteristics of Transit-Oriented Development in California[R],2004.
[4] 赵坚,赵云毅. "站城一体"使轨道交通与土地开发价值最大化[J]. 北京交通大学学报(社会科学版),2018,17(04):38-53.
[5] 田莉,庄海波. 城市快速轨道交通建设和房地产联合开发的机制研究——以广州市为例的思考[J]. 城市规划汇刊,1998(2):30-34.
[6] 陈燕萍. 城市交通问题的治本之路——公共交通社区与公共交通导向的城市土地利用形态[J]. 城市规划,2000,24(3):10-14.
[7] 张峰,林立. 中国 TOD 的再探讨:基于交通出行结果的视角[C]//转型与重构——2011 中国城市规划年会论文集. 中国城市规划学会,2011:6069-6079.
[8] 陈莎,殷广涛,叶敏. TOD 内涵分析及实施框架[J]. 城市交通,2008,6(6):57-63.
[9] 韩连平. 基于 TOD 的城市综合交通规划与城市总体规划契合研究[D]. 济南:山东建筑大学,2010.
[10] 张明,刘菁. 适合中国城市特征的 TOD 规划设计原则[J]. 城市规划学刊,2007(1):91-96.
[11] 金鑫,张艳,陈燕萍,等. 探索适合中国特征的 TOD 开发模式——以深圳市地铁深大站站点地区 TOD 开发为例[J]. 规划师,2011,27(10):66-70.
[12] 张京祥,朱喜钢,刘荣增. 城市竞争力、城市经营与城市规划[J]. 城市规划,2002,26(8):19-22.
[13] 张宝贤. TOD 模式在广州轨道交通中的发展——以轨道三号线和四号线为例[J]. 建设科技,2006(13):122-123.
[14] 陈小鸿,周翔,乔瑛瑶. 多层次轨道交通网络与多尺度空间协同优化——以上海都市圈为例[J]. 城市交通,2017(01):20-30.
[15] 李道勇,运迎霞,董艳霞. 轨道交通导向的大都市区空间整合与新城发展——

新加坡相关建设经验与启示[J].城市发展研究,2013,20(006):8-11.

[16] 边经卫.大城市空间发展与轨道交通[M].北京:中国建筑工业出版社,2006.

[17] 孙斌栋,涂婷,石巍,等.特大城市多中心空间结构的交通绩效检验——上海案例研究[J].城市规划学刊,2013(02):63-69.

[18] 田宗星,李贵才.基于TOD的城市更新策略探析——以深圳龙华新区为例[J].国际城市规划,2018,33(05):93-98.

[19] BERNICK M,CERVERO R. Transit Villages in the 21st Century[M]. New York:McGraw-Hill,1997.

[20] CERVERO R,SARMIENTO O L,JACOBY E,et al. Influences of Built Environments on Walking and Cycling:Lessons from Bogotá[J]. International journal of sustainable transportation,2009,3(4):203-226.

[21] 王有为.适于中国城市的TOD规划理论研究[J].城市交通,2016,14(06):40-48.

[22] 汉克·迪特马尔,格洛丽亚·奥兰德.新公交城市:TOD的最佳实践[M].王新军,苏海龙,周锐,等,译.北京:中国建筑工业出版社,2006.

[23] 卡尔索普 P.未来美国大都市:生态·社区·美国梦[M].郭亮,译.北京:中国建筑工业出版社,2009.

[24] Charlotte Area Transit System,Charlotte-Mecklenburg Planning Commission. CATS Systems Plan:Land Use Program Station Types Report[R]. Charlotte:Charlotte Area Transit System,2005.

[25] Central Maryland Transportation Alliance,Center for Transit-Oriented Development. Central Maryland TOD Strategy:A Regional Action Plan for Transit-Centered Communities[R]. Annapolis:Central Maryland Transportation Alliance,2009.

[26] GLEAVE S D,JACKSON G,ANGLIN K. Sacramento Regional Transit:A Guide to Transit Oriented Development(TOD)(Draft Final)[M]. Toronto:Steer Davies Gleave,2009.

[27] Sustainable Development and Transportation Services Departments of Edmonton. Transit Oriented Development Guidelines of Edmonton[S]. Edmonton:Sustainable Development and Transportation Services Departments of Edmonton,2012.

[28] 覃志凝,叶红.TOD模式下东京城市综合体开发策略研究[J].智能建筑与智慧城市,2020,280(03):26-28.

[29] 李天惠.基于TOD的大湾区轨道交通PPP项目经济可持续发展模式研究

[D].大连:大连理工大学,2019.

[30] 刘泉,钱征寒.北美城市TOD轨道站点地区的分类规划指引[J].城市规划,2016,40(03):63-70.

[31] 中华人民共和国住房和城乡建设部.城市轨道沿线地区规划设计导则[Z].2015.

[32] 张明,徐涛,李晓锋.城市轨道交通TOD类型研究与规划设计导则[M].北京:中国建筑工业出版社,2018:16-25.

[33] 保利成都.五步探寻城市TOD综合开发机会——以成都为例[EB/OL].[2021-2-15].https://mp.weixin.qq.com/s?__biz=MzAwMzM5NjMwMg==&mid=2651043493&idx=1&sn=8d5f4fe3f8460b0e6b3e6ac93fc0b0c7&chksm=80ccd104b7bb58129d2f87e484451c7dbd2b6dcb9fc6982a19c82558034fba190eb0494965dc#rd.

[34] 刘泉.城市层面TOD规划的结构形态解读[J].上海城市规划,2019(06):72-79.

[35] 冯浚,徐康明.哥本哈根TOD模式研究[J].城市交通,2006(02):41-46.

[36] 邵源,田锋,吕国林,等.深圳市TOD规划管理与实践[J].城市交通,2011,9(02):60-66,21.

[37] 章俊.基于TOD开发理念的轨道交通项目投融资模式研究[J].企业改革与管理,2020(08):117-118.

[38] 李笑竹.城市轨道交通附属资源的商业化开发[J].城市轨道交通研究,2013,16(07):4-5,9.

[39] 何冬华.土地增值收益再分配的博弈与干预——刍议广州TOD的竞合关系[J].城市规划,2018,42(07):79-85.

[40] 余琪琦.容积率指标转移机制设计研究[J].城乡建设,2020(24):48-49.

[41] 陆钟骁.东京的城市更新与站城一体开发[J].建筑实践,2019(03):42-47.

[42] 唐凌超.轨道交通枢纽周边地区容积率奖励政策研究——以东京云雀丘地区为例[C]//持续发展 理性规划——2017中国城市规划年会论文集(14规划实施与管理).中国城市规划学会,东莞市人民政府,2017.

[43] 彭梅,房明.轨道交通TOD开发的体制机制与政策框架研究[J].北京规划建设,2020(06):82-86.

[44] 邵娟,荣建.北京市实施TOD的政策机制研究[J].交通工程,2017,17(05):52-55.

［45］诸大建.重构城市可持续发展理论模型——自然资本新经济与中国发展 C 模式［J］.探索与争鸣,2015(06):18-21.

［46］李春香,宋彦,荣朝和.论建立适合中国城市特征的 TOD 投融资模式［J］.综合运输,2014(02):22-28.

［47］杨家文,段阳,乐晓辉.TOD 战略下的综合开发土地整备实践——以上海、深圳和东莞为例［J］.国际城市规划,2020,35(04):124-130.

［48］Danmark Statistic. Area［DB/OL］.［2021-08-16］. https：//www. dst. dk/da/Statistik/emner/geografi-miljoe-og-energi/areal/areal.

［49］The City of Copenhagen Technical and Environmental Administration Mobility and Urban Space. The Bicycle Account 2014［R］. Copenhagen：The City of Copenhagen Technical and Environmental Administration,2015.

［50］李敏,何雨夏.理想城市哥本哈根的建成［J］.住宅与房地产,2019(21):222.

［51］于晓萍,程建润.哥本哈根"指形规划"的启示［J］.城市,2011(09):71-74.

［52］中华人民共和国外交部.新加坡国家概况［EB/OL］.［2021-08-23］. https：//www. fmprc. gov. cn/web/gjhdq_676201/gj_676203/yz_676205/1206_677076/1206x0_677078/.

［53］Department of Statistics Singapore. Population and PopulationStructure［DB/OL］.［2021-08-26］. https：//www. singstat. gov. sg/find-data/search-by-theme/population/population-and-population-structure/latest-data.

［54］宋昀,汤朝晖.从经典式到现代式——对中国城市 TOD 规划的启发［J］.城市规划,2016,40(03):71-75,102.

［55］陆锡明.亚洲城市交通模式［M］.上海：同济大学出版社,2019.

［56］张毅,袁胜强,李朝阳.新加坡轨道交通车站综合开发简析及启示［J］.创意设计源,2018(02):4-9.

［57］Statistics Singapore. Singapore Census of Population 2010：Statistical Release 3：Geographic Distribution and Transport［R］. Singapore：Statistics Singapore,2011.

［58］中央人民政府驻香港特别行政区联络办公室.自然概况［EB/OL］.［2021-09-01］. http：//www. locpg. gov. cn/xggk/2014-01/04/c_125956093. htm.

［59］袁奇峰,过晟,邹天赐.轨道交通与城市协调发展的探索［J］.城市规划会刊,2003,6:51.

［60］费移山,王建国.高密度城市形态与城市交通——以香港城市发展为例［J］.新建筑,2004,5:65.